HO JI: OKUS MALEZIJE

100 receptov, od čudes ulične hrane do kulinaričnih mojstrovin

DARJA ZORKO

Avtorski material ©2023

Vse pravice pridržane

Nobenega dela te knjige ni dovoljeno uporabljati ali prenašati v kakršni koli obliki ali na kakršen koli način brez ustreznega pisnega soglasja založnika in lastnika avtorskih pravic, razen kratkih citatov, uporabljenih v recenziji. Ta knjiga se ne sme obravnavati kot nadomestilo za zdravniški, pravni ali drug strokovni nasvet.

KAZALO

KAZALO 3
UVOD 6
ULIČNA HRANA IN PRIGRIZKI 7
   1. Piščančja Satay nabodala 8
   2. Malajska mrežasta palačinka 10
   3. Malezijski somun 12
   4. Goveji Murtabak (omleta, ovita v Roti) 14
   5. Hrustljavi ocvrti spomladanski zavitki 17
   6. Mehki spomladanski zavitki 19
   7. Ocvrtki s kozicami 21
   8. Hrustljavi fižolovi zvitki s piščancem 23
   9. Lepljivi riž na žaru 25
   10. Pecivo iz mlete govedine in krompirja 28
   11. Malezijski indijski polpeti iz leče 30
   12. Aromatična bistra piščančja juha 32
   13. Hrustljavi rakci z mehko lupino 34
   14. Ribja pašteta na žaru v bananinih listih 36
   15. Tofu na žaru 38
   16. Goveja Satay nabodala 40
   17. Kak Besah's Curry Puffs 42
   18. Tofu, polnjen s hrustljavo zelenjavo 45
MORSKI SADEŽI 47
   19. Aromatični curry iz morskih sadežev 48
   20. Fileti brancina v sladko-kisli omaki 50
   21. Dušen divji brancin z limonsko travo in ingverjem 52
   22. Praženje kozic in špinače 54
   23. Curry iz kozic z ananasom na žaru 56
   24. Začinjena pečena vahnja 58
   25. Začinjena kisla enolončnica morske spake 60
   26. Čili lignji Sambal 62
   27. Cvreti rakovice s črnim poprom 64
   28. Praženje maslenih kozic 66
   29. Tradicionalni ribji curry 68
   30. Začinjeni lignji v mešanici 71
   31. Praženje kozic in boba 73
   32. Umešana jajca z ostrigami 75
   33. Hrustljavo ocvrta orada s kurkumo 77
MESO 79
   34. Piščanec v sojini omaki in medu 80
   35. Malajski piščančji curry 82
   36. Začinjena in kisla goveja enolončnica 84
   37. Kitajska enolončnica s piščancem in zelišči 86
   38. Piščančja jetra in stročji fižol v mešanem mešanju 88
   39. Zrezek na žaru 90

40. BOGAT JAGNJEČJI KARI ...92
41. NYONYA KAPITAN PIŠČANČJI KARI ...95
42. PERAK BEEF RENDANG ...98
43. AROMATIČNI PIŠČANČJI CURRY ...101
44. GOVEDINA V SOJINI OMAKI ...104
45. CVRTJE S PIŠČANCEM IN GOBAMI SHIITAKE ...107
46. PIŠČANEC V ČILIJU IN PARADIŽNIKOVI OMAKI ...109
47. MALEZIJSKI PORTUGALSKI HUDIČEV KARI ...111
48. GOVEDINA NA ŽARU V KURKUMI IN KOKOSOVEM MLEKU ...113
49. JAGNJETINA V KUMINOVI IN KORIANDROVI OMAKI ...115
50. PIŠČANČJI RENDANG ...117
51. SOJINO PEČENJE PIŠČANCA ...119
52. PIŠČANEC Z LIMONSKO TRAVO IN KOKOSOVO OMAKO ...121
53. OCVRT ZAČINJEN PIŠČANEC ...123
54. CVRTJE Z GOVEDINO IN INGVERJEM ...125

ZELENJAVA ...**127**
55. MANGOVA SOLATA ...128
56. MALEZIJSKA SOLATA Z ZELIŠČNIM RIŽEM IN LOSOSOM ...130
57. SOLATA IZ STROČJEGA FIŽOLA ...132
58. SOLATA Z VODNO KREŠO ...134
59. SOLATA Z REZANCI VERMICELLI NYONYA ...136
60. MALEZIJSKA SOLATA Z ZELIŠČNIM RIŽEM IN LOSOSOM ...139
61. MALAJSKI ZELENJAVNI DHAL CURRY ...141
62. BUČA V KURKUMI IN KOKOSOVEM MLEKU ...143
63. CVETAČA IN BROKOLI V MEŠANEM MEŠANJU ...145
64. DUŠEN PAK CHOY ...147
65. OCVRTA BAMIJA ...149
66. ŠPINAČNA MEŠANICA ...151
67. JAJCA V ČILIJU SAMBAL ...153

RIŽ IN REZANCI ...**155**
68. BELI RIŽ ...156
69. PARADIŽNIKOV RIŽ ...158
70. PENANG V VOKU OCVRTI PLOŠČATI REZANCI S KOZICAMI ...160
71. LAKSA S KOZICAMI CURRY ...162
72. PENANGOVA JUHA Z REZANCI Z RIBJO OSNOVO ...165
73. OCVRTI RIŽEVI VERMICELLI REZANCI ...167
74. KOKOSOV RIŽ ...169
75. DUŠEN LEPLJIVI RIŽ S KURKUMO ...171
76. AROMATIČNI GOVEJI RIŽ ...173
77. ZELIŠČNI RIŽ ...175
78. ZELENJAVNI JAJČNI PEČEN RIŽ ...177
79. PEČEN RIŽ Z INČUNI ...179
80. JAJČNO OCVRT RIŽ V PAKETU OMLETE ...181
81. OCVRTI REZANCI MAMAK ...183
82. REZANCI V SOJINI OMAKI Z MORSKIMI SADEŽI ...185
83. IPOH CURRY OMAKA ZA REZANCE ...187

84. Rezanci iz govejega mesa in kozic 190
85. Piščančji ocvrti rezanci 192
86. Malajski ocvrti rezanci 194
PUDINGI IN NAPITKI 196
87. Svež mango, med in kokos 197
88. Pandanova krema in lepljivi riž v plasteh 199
89. Parjena torta z rižem in kokosom 201
90. Sladka palačinka z rižem in kokosom 203
91. Solata iz tropskega sadja 205
92. Malezijski čaj 207
93. Kaša iz sladkega fižola 209
94. Rižev puding s temnim kokosovim sladkornim sirupom 211
95. Pandan sladoled 213
96. Sladki krompir in banana v kokosovem mleku 215
97. Bananine kroglice 217
98. Malezijski "vlečeni" sladki čaj 219
99. Čaj z limonsko travo in medom 221
100. Pijača iz vrtničnega sirupa 223
ZAKLJUČEK 225

UVOD

Dobrodošli v očarljivem svetu "Ho Jiak : Okus Malezije", kulinarične pustolovščine, ki vas vabi, da se potopite v raznoliko in okusno tapiserijo malezijske kuhinje. Malezija, ki leži na stičišču jugovzhodne Azije, je država, ki slovi po svoji bogati kulturni raznolikosti in nikjer ni ta raznolikost bolj opevana kot v hrani. Ta kuharska knjiga deluje kot portal, ki vas vabi k raziskovanju 100 skrbno oblikovanih receptov, ki zajemajo bistvo Malezije – od živahnih čudes ulične hrane, ki vabijo z živahnih tržnic, do prefinjenih kulinaričnih mojstrovin, ki krasijo mize njenih raznolikih skupnosti.

Predstavljajte si, kako se sprehajate po živahnih ulicah Kuala Lumpurja, kjer cvrčanje vokov in mamljive arome začimb ustvarjajo simfonijo okusov. V "Ho Jiak " se podajamo na gastronomsko potovanje, ki ujame duh malezijskih kuhinj, kjer so generacije izpopolnjevale umetnost mešanja različnih vplivov v harmonično kulinarično melodijo. Vsak recept je naklon kulturni dediščini, ki oblikuje malezijsko kulinarično sceno, in ponuja vpogled v tradicije, zgodbe in tehnike, ki so se prenašale skozi stoletja.

Ta kuharska knjiga ne govori samo o kuhanju; to je raziskovanje čutov, potovanje po živahnih tržnicah, živahnih stojnicah s kramarji in prefinjenih restavracijah, ki skupaj opredeljujejo malezijsko gastronomijo. Ne glede na to, ali ste izkušen domači kuhar ali začetnik, ki želi razširiti svoja kulinarična obzorja, je "Ho Jiak : Okus Malezije" vaš spremljevalec pri razkrivanju skrivnosti in obvladovanju tehnik malezijskega kuhanja.

Pridružite se mi pri okušanju zapletenih okusov, proslavljanju kulturne raznolikosti in sprejemanju topline, ki opredeljuje malezijsko gostoljubje. Naj bodo ti recepti vaš vodnik pri ustvarjanju ne le obrokov, temveč doživetij – okusa Malezije, ki presega meje in prinaša duh deželnih kuhinj v vaš dom. Torej, ko se podajamo na to kulinarično odisejado, terima kasih (hvala), ker ste del živahnega sveta filma "Ho Jiak : Okus Malezije." Naj bo vaša kuhinja napolnjena z bogatimi dišavami in mamljivimi okusi, zaradi katerih je malezijska kuhinja prava poslastica. Selamat makan (srečno jesti)!

ULIČNA HRANA IN PRIGRIZKI

1. Piščančja Satay nabodala

SESTAVINE:
- 4 stebla limonske trave (uporabite samo spodnjo polovico)
- 1 kg piščančjih beder brez kosti, narezanih na 10 cm dolge trakove
- 3 žlice mlete kurkume
- ½ žlice mlete kumine
- 2 žlički fine morske soli
- 3 žlice belega sladkorja
- 30 bambusovih satay nabodal, dolžine 17,5 cm (namočenih v vodi)
- Za olje za ščetkanje
- 100 ml rastlinskega olja
- 1 žlica belega sladkorja
- 50 ml kokosovega mleka
- 1 steblo limonske trave, zdrobljeno

ZA OKRAS:
- 1 rdeča čebula, narezana na debele rezine
- 1 kumara, narezana na majhne kline

NAVODILA:
a) Zmešajte limonsko travo s kančkom vode, dokler ni gladka, s kuhalnico ali ročnim mešalnikom. Prestavimo v skledo in dodamo piščanca, kurkumo, kumino, sol in 3 žlice sladkorja. Dobro premešamo, nato pa pustimo marinirati vsaj 2 uri, najbolje pa čez noč v hladilniku.

b) Kose piščanca previdno nataknite na bambusova nabodala. Meso naj pokriva nabodalo, da se med peko ne zažge. Pokrijte tudi konico nabodala. Za pripravo olja za ščetkanje dajte olje, sladkor in kokosovo mleko v majhno skledo in dobro premešajte.

c) Satay je najboljši kuhan na žaru ali žaru na oglje; namesto tega lahko uporabite rešetko. Piščančja nabodala položite na žar ali žar in jih z nabrušeno limonsko travo premažite z mešanico olja in zadržite vlago. Nabodala obračajte, da zagotovite, da je piščanec enakomerno pečen.

d) Ko je piščanec pečen, rjav in rahlo zoglenel, ga okrasite s čebulo in kumaro ter postrezite z arašidovo omako.

2.Malajska mrežasta palačinka

SESTAVINE:
- 400 g navadne moke
- 1 jajce
- 200 ml kokosovega mleka
- ½ žlice mlete kurkume
- 1 čajna žlička fine morske soli
- 4 žlice rastlinskega olja
- 1 list pandana , zvezan v vozel (ali 1 steblo zmečkane limonske trave)

NAVODILA:
a) V skledo damo moko, jajce, kokosovo mleko, kurkumo in sol. Dodajte 725 ml vode, dobro premešajte in mešajte, dokler zmes ne postane gladka masa, ki bo prekrila zadnji del zajemalke.
b) Ploščato ponev postavimo na srednje močan ogenj in ponev premažemo z oljem, pri čemer uporabimo list pandana , ki bo dal testu dišečo aromo.
c) Na skledo ali globok krožnik postavite roti jala nalivalec (glejte zgoraj), da preprečite kapljanje. Z zajemalko zajemite nekaj testa, ga vrzite v cedilo in prinesite v ponev. S pomočjo nalivalnika oblikujemo kroge testa, začenši od sredine pekača. Nadaljujte s premikanjem navzven, tako da se krogi prekrivajo, pri čemer ohranjate konstanten pretok testa, dokler ne dobite palačinke s premerom približno 20 cm. Videti bo kot mreža - tukaj lahko uporabite svojo ustvarjalnost. Za najboljše rezultate naj bo izlivalec približno 6 cm nad posodo.
d) Pecite pol minute, dokler palačinko ne morete enostavno dvigniti ob rob s paletnim nožem ali rezino ponve. Preložimo ga na delovno površino, nato stranice zapognemo navznoter in zvijemo od spodaj navzgor. Ponavljajte, dokler ne porabite vsega testa.
e) Postrezite s preprostim malajskim piščančjim curryjem.

3.Malezijski somun

SESTAVINE:
- 600 g navadne moke in še malo za gnetenje
- 1½ čajne žličke fine morske soli
- 100 ml kokosove vode
- 1 jajce
- 2 žlici rastlinskega olja in 750 ml rastlinskega olja za marinado
- 4 žlice kondenziranega mleka

NAVODILA:
a) V veliko skledo dajte moko in sol ter dobro premešajte.
b) V srednje veliko skledo ali merilni vrč dajte kokosovo vodo, jajce, 2 žlici olja in kondenzirano mleko, nato dodajte 170 ml vode in dobro premešajte. To mešanico dodajte v skledo z moko in gnetite 10 minut, dokler ni gladka in elastična.
c) Skledo pokrijemo s filmom za živila in pustimo vzhajati 30 minut. V testo dodamo malo moke in ponovno pregnetemo ter pustimo vzhajati še 30 minut. Ponovno pregnetite, nato pa testo razdelite na 10 testenih kroglic, velikih približno kot majhna pest. Ko delimo testo, s palcem in kazalcem stiskamo in režemo testo.
d) Kroglice testa damo v globok krožnik, nato prelijemo s 750 ml olja, da prekrije vse kroglice. Pustite marinirati najmanj 4 ure ali čez noč.
e) Eno testeno kepo položimo na naoljeno delovno površino in jo z dlanjo raztegnemo in sploščimo, nato jo še nekajkrat obrnemo in raztegnemo, da postane tanjša in večja. Prepognite stranice, zgornji in spodnji del, da dobite kvadratno obliko z zrakom, ujetim med plastmi.
f) V ravni ponvi segrejte malo olja in pecite testo, dokler obe površini nista zlato rjavi in hrustljavi. Sedaj ocvrt kruh položimo na čisto podlago in ga napihnemo od roba navznoter, da se zmečka. Ponovite s preostalim delom testa in postrezite s curryjem za namakanje.

4. Goveji Murtabak (omleta , ovita v Roti)

SESTAVINE:
ZA OVITEK
- 1 × testo za malezijski somun, razdeljeno na 10 kosov, ali 20 že pripravljenih (30 × 30 cm) zavitkov spomladanskih zavitkov

ZA POLNILO
- 2 žlici rastlinskega olja
- 2½ velike čebule, narezane na kocke
- 2 stroka česna, drobno sesekljana
- 2,5 cm svežega ingverja, drobno narezanega
- 3 žlice mlete začimbne mešanice za meso, ki jih zmešamo s kančkom vode
- ½ čajne žličke fine morske soli
- 1 žlica tamarindove paste (ali limoninega ali limetinega soka)
- 300 g mletega govejega mesa
- 200 g krompirja, kuhanega 10 minut z lupino, nato olupljenega in pretlačenega
- 6 jajc
- Rastlinsko olje za plitvo cvrtje

NAVODILA:
a) Na zmernem ognju segrejte veliko ponev. Dodamo olje in pražimo čebulo 2 minuti, nato dodamo česen in ingver ter pražimo še 1 minuto.
b) Dodajte začimbno mešanico, sol in tamarind pasto ter kuhajte, dokler se omaka ne zgosti. Dodajte goveje meso in pražite 3 minute, dokler ni kuhano. Dodamo pire krompir, dobro premešamo in kuhamo 2 minuti, nato ogenj ugasnemo.
c) Jajca razbijte v večjo skledo in nežno stepite. Dodamo kuhano mešanico in temeljito premešamo.
d) Enega od kosov testa raztegnemo na ravno površino, nato pa ga položimo na okrogel krožnik in dodamo 3 žlice nadeva. Pazimo, da vlečeno testo nima luknjic, sicer bo nadev ušel ven. Zavijte ga od ene strani do druge, da dobite kvadraten paket. Ponovite s preostalim delom testa in nadevom.
e) Na majhnem ognju segrejte ponev z malo olja. Ko se olje segreje, zavite kose nežno zvrnite s krožnika v ponev, po nekaj naenkrat, pri tem pa pazite, da se pecivo ne raztrga, sicer bo nadev prišel ven. Cvremo 2–3 minute na vsaki strani, dokler ne postanejo zlato rjave barve. Nežno pritisnite z lopatko, da preverite – če so murtabaki še vedno mehki, niso pečeni. Ponovite s preostalim delom murtabaka , vsakič uporabite malo več olja.
f) Postrezite s čebulno prelivom in curry omako.

5.Hrustljavi ocvrti spomladanski zavitki

SESTAVINE:
- 1 žlica rastlinskega olja in 500 ml rastlinskega olja za plitvo cvrtje
- 3 stroki česna, drobno sesekljani
- 100 g fižolovih kalčkov
- 300 g jicama (ali alternativ, glejte zgoraj), juliena
- 1 srednje velik korenček, julien
- 2 žlici ostrig ali gobove omake
- Ščepec fine morske soli
- 20–25 že pripravljenih zavitkov spomladanskih zavitkov (30 × 30 cm)
- sladki čili sambal
- 4 žlice že pripravljene ocvrte šalotke, za okras (neobvezno)

NAVODILA:
a) V voku ali večji ponvi na močnem ognju segrejte 1 žlico olja in na njem prepražite česen do zlato rjave barve. Dodamo fižolove kalčke, jice, korenčkovo, ostrigovo ali gobovo omako in sol ter pražimo 2 minuti, da zelenjava rahlo oveni. Ugasnemo ogenj, nato izdolbemo v cedilo in odcedimo 5 minut. To preprečuje, da bi ovitki vpijali vlago in se razmočili.
b) Enega od zavitkov položite na ravno površino z vogali obrnjenimi navzgor in navzdol v diamantno obliko in z žlico nanesite žlico nadeva, začnite pri spodnjem kotu. Zavitek zvijemo čez nadev, nežno stisnemo, da dobimo tesen zvitek, nato pa nadaljujemo z zvijanjem do polovice. Levo in desno stran prepognemo navznoter, zvijemo do vrha, nato namažemo z malo vode, da se tesni. Ponovite s preostalimi ovitki in nadevom.
c) V ponvi na zmernem ognju segrejemo olje za cvrtje. Če želite preveriti, ali je olje dovolj vroče, pomočite konico lesene žlice v olje – ko bo pripravljeno za cvrtje, bo okoli žlice brbotalo, na kuhinjskem termometru pa naj bi merilo med 180 °C in 200 °C. Spomladanske zavitke cvremo 4–5 minut, dokler ne postanejo zlato rjavi in hrustljavi, nato jih izdolbemo z žlico in odcedimo na kuhinjskem papirju. Če je vaša ponev majhna, jih pecite v serijah.
d) Spomladanske zavitke razporedimo enega zraven drugega na servirni krožnik, po vrhu namažemo sambal in po želji potresemo s prepraženo šalotko. Postrezite takoj.

6. Mehki spomladanski zavitki

SESTAVINE:
- 20–25 zavitkov spomladanskih zavitkov
- sladki čili sambal

ZA POLNILO
- 2 žlici rastlinskega olja
- 1 srednja čebula, narezana na tanke rezine
- 4 stroki česna, drobno sesekljani
- 30 g posušenih kozic, namočenih v topli vodi 5 minut (po želji)
- 250 g jicama, olupljenih in naribanih s strgalnikom
- 200 g fižolovih kalčkov
- 100 g korenja, olupljenega in naribanega s strgalnikom
- 3 žlice ostrigine omake
- 1 čajna žlička fine morske soli
- ½ čajne žličke mletega belega popra

ZA OKRAS:
- 4 žlice zdrobljenih praženih arašidov
- 6 kosov že pripravljenega ocvrtega gobastega tofuja, drobno narezanega
- Omleta z 1 jajcem, narezana na trakove
- 4 žlice že pripravljene popražene šalotke

NAVODILA:

a) Za pripravo nadeva segrejte olje v voku ali veliki ponvi na zmernem ognju in prepražite čebulo in česen, dokler ne zadišita in zlato rjavo zapečeta. Dodajte posušene kozice (če jih uporabljate) in kuhajte 1 minuto, nato dodajte jicama, fižolove kalčke, korenje, omako iz ostrig ali gob in sol. Kuhajte 2 minuti, dokler zelenjava ne oveni, nato ugasnite ogenj. Dodamo beli poper, premešamo, nato izdolbemo v cedilo in pustimo stati 3–4 minute, da se izcedi sok.

b) Enega od zavitkov spomladanskih zvitkov položite na ravno površino in z žlico nanesite 1 žlico nadeva, začnite pri spodnjem kotu. Zavitek zvijemo čez nadev, nežno stisnemo, da dobimo tesen zvitek, nato pa nadaljujemo z zvijanjem do polovice. Levo in desno stran prepognemo navznoter in zvijemo do vrha, nato namažemo z malo vode, da se tesni. Ponovite s preostalimi ovitki in nadevom.

c) Spomladanske zvitke razporedite enega zraven drugega na krožnik ali velik krožnik in jih s čopičem premažite s sambalom. Okrasite z zdrobljenimi arašidi, hrustljavim tofujem, lističi omlete in ocvrto šalotko ter takoj postrezite.

7. Ocvrtki s kozicami

SESTAVINE:
- 125 g navadne moke
- 25 g samovzhajalne moke
- 1½ čajne žličke mlete kurkume
- 1½ čajne žličke fine morske soli
- 750 ml rastlinskega olja za cvrtje
- 200 g fižolovih kalčkov
- 100 g kitajskega česnovega drobnjaka (ali mlade čebule), narezanega na 2,5 cm
- 12 surovih kraljevih kozic, olupljenih

NAVODILA:
a) V skledo dajte navadno in samovzhajajočo moko, kurkumo in sol ter postopoma dodajte 500 ml vode in dobro mešajte, dokler zmes ne postane gladka in gosta masa.
b) Na zmernem ognju segrejte vok ali globoko ponev. Dodamo olje in s koščkom fižolovega kalčka preizkusimo, ali je olje dovolj vroče. Če zacvrči, je pripravljeno. Če imate termometer, naj bo temperatura med 180°C in 200°C.
c) V testo dodajte fižolove kalčke, drobnjak in kozice ter jih z žlico prepognite v majhno kroglico, eno kozico na kroglico. Vsako kroglico testa nežno spustite v olje. Izogibajte se, da bi bile kroglice prevelike, saj se bodo kuhale dlje in se lahko zunaj zažgejo, znotraj pa ne bodo popolnoma pečene. Po potrebi prepražimo v serijah.
d) Vsako kroglico cvremo 2–3 minute, dokler ni hrustljava in zlato rjava, nato jo izdolbemo z žlico z režami in postrežemo z arašidovo ali čilijevo omako.

8.Hrustljavi fižolovi zvitki s piščancem

SESTAVINE:
- 10 kvadratov lupine fižolove skute (20 × 20 cm)
- 1 žlica koruzne moke, pomešana s kančkom vode, da dobite pasto
- 250 ml rastlinskega olja za plitvo cvrtje
- Za nadev
- 1 žlica rastlinskega olja
- 4 stroki česna, drobno sesekljani
- 300 g piščanca, mletega
- 2 čajni žlički mletih začimb, pomešanih s kančkom vode
- ½ čajne žličke mletega belega popra
- 200 g jicama (ali druge možnosti, glejte zgoraj), zdrobljenih
- 1 korenček, nastrgan
- 1 žlica svetle sojine omake
- ½ čajne žličke sezamovega olja
- ½ čajne žličke fine morske soli
- 1 jajce, pretepeno
- 1 mlada čebula, narezana na 0,5 cm debele rezine

NAVODILA:
a) Nadev pripravimo tako, da na zmernem ognju segrejemo večjo ponev, dodamo žlico olja in nekaj sekund pražimo česen, da zadiši. Dodajte piščanca, pet začimb in beli poper ter kuhajte, dokler se kosi piščanca ne zaprejo. Dodajte jicama, korenček, svetlo sojino omako, sezamovo olje in sol ter kuhajte, dokler se zelenjava dobro ne premeša in rahlo oveni. Dodamo jajce in nežno mešamo, dokler se nadev ne zgosti. Na koncu dodamo mlado čebulo. Dobro premešajte in ugasnite ogenj.

b) položimo kos lupine fižolove skute in na sredino položimo 2 žlici nadeva. Začnite ovijati od spodaj in nežno zvijte do sredine, nato prepognite ob straneh in nadaljujte z zvijanjem na vrh. Premažite s pasto iz koruzne moke, da zaprete zvitek. Ponovite s preostalo lupino fižolove skute in nadevom.

c) V srednji ponvi na majhnem ognju segrejte olje za cvrtje. Verjetno boste morali zvitke ocvreti v dveh ali treh serijah. Ko je olje pripravljeno, zvitke nežno spustimo v olje in pražimo 2–3 minute, da hrustljavo zapečejo. Vzemite ven z žlico z režami in popivnajte s kuhinjskim papirjem, da odstranite odvečno olje.

d) Postrezite takoj s temno čilijevo omako ali pomako s čilijem in kisom.

9.Lepljivi riž na žaru

SESTAVINE:
- 8 kosov bananinih listov (ali alu folije), 18 × 18 cm
- 300 g lepljivega riža, namočenega v vodi 4 ure ali čez noč
- 100 ml kokosovega mleka
- 1½ čajne žličke fine morske soli
- 3 žlice rastlinskega olja
- 1 čajna žlička mlete kumine
- 1 čajna žlička mlete kurkume
- 1 čajna žlička fine morske soli
- 1 čajna žlička belega sladkorja
- 20 g posušenih kozic, namočenih v topli vodi 10 minut (ali svežih kozic)
- 75 g sušenega kokosa
- 1 mlada čebula, narezana na 1 cm debele rezine

ZA PASTO:
- 1 šalotka
- 1 cm svežega galgana (ali ingverja)
- 1 steblo limonske trave
- 4 posušene čilije , namočene v vreli vodi za 10 minut

NAVODILA:

a) Očistite bananine liste, če jih uporabljate, nato pa jih zmehčajte tako, da jih za nekaj sekund postavite na majhen ogenj ali nad paro iz grelnika vode.

b) Nastavite soparnik ali postavite rešetko v vok ali globoko ponev s pokrovom. Zalijemo s 5 cm vode in na zmernem ognju zavremo. Na sredino soparnika postavimo globok okrogel pekač s premerom 23 cm, dodamo lepljivi riž in dušimo 30 minut.

c) Odstranite pločevino iz soparnika in dodajte kokosovo mleko ter sol. Dobro premešajte, nato ponovno kuhajte na pari še 15 minut. Pekač vzamemo iz soparnika in damo na stran, da se riž ohladi.

d) Sestavine za pasto pretlačite skupaj, dokler niso gladke, s pomočjo kuhinjskega robota ali paličnega mešalnika. Na zmernem ognju segrejte vok ali veliko ponev, dodajte olje in pražite pasto 2 minuti, dokler ne zadiši. Dodamo kumino, kurkumo, sol, sladkor in posušene kozice ter kuhamo 1 minuto.

e) Dodajte posušen kokos in 200 ml vode, nato zmanjšajte ogenj in pustite vreti 3 minute ali dokler se zmes ne posuši. Na koncu dodamo mlado čebulo, dobro premešamo in ugasnemo ogenj. Nadev prestavimo v skledo in pustimo, da se popolnoma ohladi.

f) Lepljivi riž razdelite na 8 delov. Bananin list (ali aluminijasto folijo) položite na ravno površino, zajemite 2 čajni žlički nadeva iz kozic, nato pa ga nežno ovijte z lepljivim rižem in bananinim listom. Tehnika je podobna pripravi sušija. Lepo tesno zavijte, ne da bi list pretrgali. Z zobotrebcem zaprite zgornji in spodnji del lista, nato pa ponovite z ostalimi listi in nadevom.

g) Pečemo na žaru ali na suho v ponvi 5 minut na vsaki strani.

10. Torte iz mlete govedine in krompirja

SESTAVINE:
- 1 kg mokastega krompirja
- 250 g mletega govejega mesa
- ½ žlice mlete kumine
- 1½ čajne žličke fine morske soli
- 2 mladi čebuli, narezani na 0,5 cm debele rezine
- 4 žlice drobno sesekljanega svežega koriandra
- 1 čajna žlička mletega belega popra
- 4 žlice že pripravljene popražene šalotke
- 4 srednja jajca
- 400 ml rastlinskega olja za cvrtje

NAVODILA:
a) zavremo 3 litre vode in krompir kuhamo 10–15 minut, da se zmehča. Izdolbite jih z žlico z režami in jih sperite s hladno vodo, da se nekoliko ohladijo. Krompir olupimo in narežemo na krhlje, nato pa ga preložimo v skledo in pretlačimo do gladkega.

b) Na zmernem ognju segrejte veliko ponev. Dodajte mleto govedino, kumino in ½ čajne žličke morske soli ter kuhajte 5 minut, nato dodajte v skledo pire krompirja. Dodamo mlado čebulo, koriander, beli poper, popraženo šalotko in preostalo sol ter dobro premešamo. Iz zmesi oblikujte kroglice premera 5 cm in jih nežno sploščite na dlani, da dobite krompirjeve kolačke debeline 2 cm.

c) V plitvi skledi stepemo jajca. Na srednjem ognju segrejte globoko srednjo ponev in dodajte olje. Če želite preveriti, ali je olje dovolj vroče, vanj položite rezino mlade čebule in če začne brbotati, je pripravljeno. Krompirjeve kolačke pomakamo v stepeno jajce in pražimo 2 minuti na vsaki strani, da hrustljavo zapečejo. Cvrete jih v serijah, če jih ne morete dati vseh v ponev hkrati.

11. Malezijske polpete iz indijske leče

SESTAVINE:
- 500 g narezane leče (chana dhal), namočene v vodi vsaj 4 ure ali čez noč
- 2 žlici rastlinskega olja in 500 ml rastlinskega olja za cvrtje
- 2 veliki čebuli, narezani na kocke
- 4 vejice svežih curryjevih listov (ali 6 lovorjevih listov, grobo narezanih)
- 1 žlica kuminovih semen
- 1 žlica posušenih čilijevih kosmičev
- ¾ žlice fine morske soli
- 1½ žlice belega sladkorja

NAVODILA:
a) Lečo odcedimo, nato pa jo damo v kuhinjski robot in stepamo do gladkega. Prenesite v veliko skledo in odstavite.
b) Na srednjem ognju segrejte globoko srednjo ponev in dodajte 2 žlici olja. Ko je vroče, kuhajte čebulo, karijeve liste in kumino, dokler ne zadišijo in čebula zlato rjavo zapečejo. Mešanico dodajte v skledo z lečo. Dodamo čilijeve kosmiče, sol in sladkor ter dobro premešamo.
c) Zmes nežno oblikujte s prsti, da dobite 20 okroglih ploščatih polpetov.
d) Ponev obrišemo s kuhinjskim papirjem, nato postavimo na zmeren ogenj in dodamo olje za cvrenje. Polpete v serijah cvremo 2 minuti na vsaki strani, dokler ne postanejo hrustljavi. Postrezite takoj, z jogurtovo omako.

12. Aromatična bistra piščančja juha

SESTAVINE:
- 250 g opranega mladega krompirja
- 500 g piščančjih kosov, na kosti
- 1 srednja rdeča čebula, narezana na četrtine
- 100 g korenja, narezanega na tanke rezine
- 5 cm cimetove palčke
- 2 zvezdasti janež
- 4 zeleni stroki kardamoma
- 1 čajna žlička grobo mletega črnega popra
- 1 čajna žlička fine morske soli

NAVODILA:
a) Vse sestavine dajte v veliko ponev z 1,5 litra vode.
b) Zavremo, nato zmanjšamo ogenj in odkrito dušimo 30 minut, dokler piščančje meso ne odpade od kosti.
c) Postrezite takoj.

13.Hrustljavi mehki rakci

SESTAVINE:
- 150 g koruzne moke
- 2 žlički mletega belega popra
- 2 žlički fine morske soli
- 1½ žlice sezamovega olja
- 8 mehkih rakov
- 3 beljaki
- 500 ml rastlinskega olja za cvrtje

NAVODILA:
a) V skledo damo koruzno moko, beli poper in sol ter dobro premešamo. V ločeni skledi nežno vtrite sezamovo olje na rake. Rakce pomakamo v beljakov sneg, nato pa jih prestavimo v mešanico koruzne moke in izdatno premažemo.
b) Nežno potresemo, da odstranimo odvečno moko in jih položimo na pekač.
c) Na zmernem ognju segrejte vok ali globoko srednjo ponev in dodajte olje. Olje mora biti dovolj vroče, sicer testo ne bo hrustljavo. Preizkusite tako, da vanj potresete malo testa – če zacvrči, je olje dovolj vroče, da lahko ocvrete rakce.
d) Cvrete rake v dveh ali treh serijah, po 4 minute na serijo ali dokler testo ne postane rjavo in hrustljavo. Manj rakov ko ocvrete naenkrat, manj časa bodo vzeli. Izdolbite jih z žlico z režami in takoj postrezite. Postrezite kot predjed ali prigrizek, s sladkim čilijem sambal.

14. Ribja pašteta na žaru v bananinih listih

SESTAVINE:
- 12 kosov bananinih listov (ali alu folije), 20 × 20 cm
- 500 g fileja polenovke, grobo narezanega
- 250 ml kokosovega mleka
- 2 srednji jajci, rahlo stepeni
- 4 listi kaffir limete, narezani na tanke rezine (ali trakovi lupine 2 limet)
- ½ čajne žličke mletega belega popra
- ½ žlice rjavega sladkorja
- 1 čajna žlička fine morske soli

ZA ZAČIMBNO PASTO
- 2 šalotki
- 3 stroki česna
- 6–8 posušenih čilijev, namočenih v vreli vodi za 10 minut
- 5 cm svežega galgana (ali ingverja)
- 5 cm sveže kurkume (ali 2 žlički mlete kurkume)
- 3 stebla limonske trave (uporabite samo spodnjo polovico)
- 1 čajna žlička paste iz kozic, suho opečenih (ali 2 žlici ribje omake)

NAVODILA:

a) Očistite bananine liste, če jih uporabljate, nato pa jih zmehčajte tako, da jih za nekaj sekund postavite na majhen ogenj ali nad paro iz grelnika vode. List bo potemnel, postal bo mehkejši in ga bo enostavno zaviti.

b) S kuhalnico ali paličnim mešalnikom zmešajte sestavine za pasto, dokler niso gladke, in jih prenesite v veliko skledo. Ribe stepemo do gladkega in jih dodamo pasti v skledi. Dodamo kokosovo mleko in jajca ter dobro premešamo. Dodajte liste kaffir limete, beli poper, sladkor in sol ter še zadnjič dobro premešajte.

c) Mešanico razdelite na 12 delov in enega položite na kos bananinega lista. Mešanico nežno zavijte v list, da naredite dolg paket. Oba konca pritrdite z zobotrebci, tako da jih preluknjate skozi list. Ponovite s preostalimi bananinimi listi in pasto.

d) Na majhnem ognju segrejte rešetko ali ponev in pecite zavitke na vsaki strani 5 minut, dokler bananini listi ne porjavijo.

e) Rahlo pritisnite na enega od zavitkov in če je zmes v notranjosti čvrsta, je kuhan.

f) Postrezite takoj.

15. Tofu na žaru

SESTAVINE:
- 24 kosov že pripravljenega ocvrtega gobastega tofuja
- 8 bambusovih nabodal, dolžine 17,5 cm
- ½ čajne žličke mletega belega popra

NAVODILA:

a) Na vsako bambusovo nabodalo nabodite 3 kose tofuja. Ponev postavite na močan ogenj. Ponev mora biti zelo vroča, da ustvarite učinek zoglenelosti. Ko je pripravljen, tofu pecite na žaru 2–3 minute na vsaki strani, po potrebi v serijah, dokler ne zoglene.

b) Potresemo z belim poprom in takoj postrežemo s čilijem in kisom ali sladkim čilijem .

16.Goveja Satay nabodala

SESTAVINE:
- 5 stebel limonske trave (uporabite samo spodnjo polovico)
- 5 cm svežega galgana (ali ingverja)
- 5 cm sveže kurkume (ali 2 žlički mlete kurkume)
- 1 kg govejega fileja, narezanega na 10 cm dolge trakove
- 1½ žlice koriandrovih semen, grobo mletih
- ½ žlice mlete kumine
- ½ žlice mletega koromača
- ½ čajne žličke fine morske soli
- 3 žlice belega sladkorja
- 30 bambusovih satay nabodal, dolgih 17,5 cm (namočenih v vodi 30 minut, če pečete na žaru)
- Za olje za ščetkanje
- 100 ml rastlinskega olja
- 1 žlica sladkorja
- 50 ml kokosovega mleka
- 1 steblo limonske trave, na koncu narobe

NAVODILA:
a) Limonsko travo, galangal in kurkumo zmešajte skupaj s kančkom vode do gladkega v kuhinjskem robotu ali s paličnim mešalnikom. Prestavimo v skledo in dodamo govedino, koriander, kumino, koromač, sol in sladkor. Dobro premešamo, nato pa pustimo marinirati vsaj 2 uri ali še bolje čez noč v hladilniku. Kose govedine previdno nataknite na bambusova nabodala. Meso naj prekriva nabodala, vključno s konico, da se med peko ne zažgejo.

b) Za pripravo olja za ščetkanje dajte olje, sladkor in kokosovo mleko v majhno skledo in dobro premešajte.

c) Satay je najboljši kuhan na žaru ali žaru na oglje; namesto tega lahko uporabite rešetko.

d) Goveja nabodala položite na vročo rešetko in uporabite nabrušeno limonsko travo, da vsakega premažete z mešanico olja za ščetkanje, da zadržite vlago. Nabodala občasno obrnite, da zagotovite, da je govedina enakomerno pečena. Postrezite z arašidovo omako.

17. Kak Besah's Curry Puffs

SESTAVINE:
- 1 žlica črnega popra v zrnu
- 2 žlički semen komarčka
- 1 zvezdasti janež
- 5 cm cimetove palčke
- 2 žlici rastlinskega olja in 700 ml rastlinskega olja za cvrtje
- 2 šalotki, drobno sesekljani
- 2,5 cm svežega ingverja, drobno narezanega
- 500 g krompirja, olupljenega in narezanega na 1 cm velike kocke
- 1½ čajne žličke fine morske soli
- 100 g surovih olupljenih kozic, grobo narezanih
- 2 srednji čebuli, narezani na kocke
- 2 žlici grobo sesekljanih svežih koriandrovih listov
- 2 žlici mlade čebule, narezane na 1 cm velike rezine

ZA PECIVO-PRVI DEL (RUMENO TESTO)
- 75 g ohlajenega masla, narezanega na kocke
- 100 g navadne moke

DRUGI DEL (BELO TESTO)
- 250 g navadne moke
- 100 ml hladne vode
- 1 jajce, pretepeno
- 1 čajna žlička fine morske soli

NAVODILA:
a) Na suho pražite zrna črnega popra, koromač, zvezdasti janež in cimet, da zadišijo. Z mlinčkom za začimbe ali pestilom in možnarjem zmeljemo ali pretlačimo pražene začimbe, dokler niso drobne. Mešanici dodajte 50 ml vode.
b) Na zmernem ognju segrejte vok ali veliko ponev in dodajte 2 žlici olja. Šalotko in ingver popražimo, da zadišita in zlato rjavo zapečeta, nato dodamo mlete začimbe in pražimo 1 minuto. Dodamo krompir in sol, mešamo še minuto, nato dodamo 300 ml vode – krompir naj bo pokrit. Dušimo na zmernem ognju, dokler ne postanejo mehki in suhi.
c) Zdaj dodajte kozice, čebulo, koriander in mlado čebulo. Kuhamo toliko časa, da se čebula zmehča, nato ogenj ugasnemo. Odstavimo in pustimo, da se krompirjev nadev ohladi.
d) Za pecivo damo sestavine za prvi del (rumeno testo) v skledo in mešamo dokler ne nastane testo. Dati na stran. V ločeni skledi zmešajte sestavine za drugi del (belo testo), dokler ne dobite čvrstega testa. Vsak del testa razdelite na 5 okroglih kroglic. Eno od belih kroglic testa nežno pritisnite s prsti, dokler ni ploska, nato pa vanjo položite rumeno kroglico testa in jo zavijte. Postopek ponovite, da naredite preostale kroglice testa.
e) Delovno površino potresemo z malo navadne moke in z valjarjem sploščimo kepo zmešanega testa, jo razvaljamo v ovalno obliko približno 1 cm debelo, nato pa zvijemo od strani, da naredimo dolg trak. Ponovno ga sploščimo z valjarjem in ponovno razvaljamo od zgoraj navzdol. Z ostrim nožem ga razrežemo na štiri dele in jih ponovno sploščimo, da dobimo ovalne oblike debeline približno 0,5 cm.
f) Na vsak ovalni kos peciva položimo žlico krompirjevega nadeva in ga prepognemo na polovico ter stisnemo robove, da se zaprejo. Če želite narediti naguban vzorec, s palcem in kazalcem stisnite in prepognite robove. Ponovite s preostalim pecivom in nadevom.
g) V veliki ponvi na srednje nizkem ognju segrejte rastlinsko olje za cvrtje in na njem po obrokih pražite karipape do zlato rjave barve. Postrežemo toplo.

18.Tofu, polnjen s hrustljavo zelenjavo

SESTAVINE:
- 100 ml rastlinskega olja
- 20 kosov že pripravljenega ocvrtega gobastega tofuja
- 100 g fižolovih kalčkov
- 200 g kumar, olupljenih, očiščenih pečk in na tanko narezanih
- 1 korenček, drobno narezan ali nastrgan

NAVODILA:

a) Tofu zarežite po eni strani in prerežite do polovice, da ustvarite žepek, v katerega nadevate zelenjavo. V večji ponvi segrejte olje na srednje močnem ognju in pražite tofu, eno serijo naenkrat, 1 minuto, dokler zunanja kožica ne postane hrustljava. Izdolbite in popivnajte s kuhinjskim papirjem, da odstranite odvečno olje.

b) Fižolove kalčke blanširajte v vreli vodi 10 sekund, dokler rahlo ne ovenijo. Prenesite v skledo, nato dodajte kumaro in korenček ter vse dobro premešajte.

c) Tofu nadevajte z mešano zelenjavo, preložite na krožnik ali velik krožnik in postrezite z arašidovo omako.

MORSKI SADEŽI

19. Aromatičen curry iz morskih sadežev

SESTAVINE:
- 8 žlic rastlinskega olja
- 1 zvezdasti janež
- 5 cm cimetove palčke
- 2 nageljnove žbice
- 2 vejici svežih curryjevih listov, nabranih listov (ali 3 lovorjevih listov)
- 8 surovih kraljevih kozic, olupljenih
- 250 g školjk v lupini
- 200–300 g lignjev v cevkah z zarezo
- 100 ml kokosovega mleka
- 1 čajna žlička fine morske soli
- 1 žlica limetinega soka

ZA MLETE ZAČIMBE:
- 1½ žlice mletega koriandra
- 1 čajna žlička mlete kumine
- 1 čajna žlička mletega koromača

ZA PASTO:
- 3 šalotke
- 5 strokov česna
- 5 cm sveže kurkume (ali 2 žlički mlete kurkume)
- 5 cm svežega ingverja
- 10 posušenih čilijev, namočenih v vrelo vodo za 10 minut
- 1½ čajne žličke paste iz kozic, suho opečene (ali 2 žlici ribje omake)

NAVODILA:

a) Sestavine za pasto zmešajte skupaj, po potrebi z malo vode, v kuhinjskem robotu ali s paličnim mešalnikom, nato pa jih prenesite v skledo. Dodamo mlete začimbe in dobro premešamo.

b) V veliki kozici na zmernem ognju segrejte olje in na njem kuhajte zvezdasti janež, cimet, nageljnove žbice in karijeve liste, dokler ne zadišijo. Dodajte mešanico paste in kuhajte 2 minuti.

c) Sedaj dodajte kozice, školjke (zavrzite vse, ki so odprte in se ne zaprejo ob udarjanju) in lignje, skupaj s 300 ml vode.

d) Kuhamo 2–3 minute, da kozice rožnato obarvajo, školjke odprejo in lignji zvijejo. Zavrzite vse školjke, ki se niso odprle.

e) Dodamo kokosovo mleko in sol, vse skupaj dobro premešamo in kuhamo še eno minuto. Nazadnje dodajte limetin sok, ponovno dobro premešajte in ugasnite ogenj. Prestavite v servirni krožnik in takoj postrezite.

20. Fileji brancina v sladko-kisli omaki

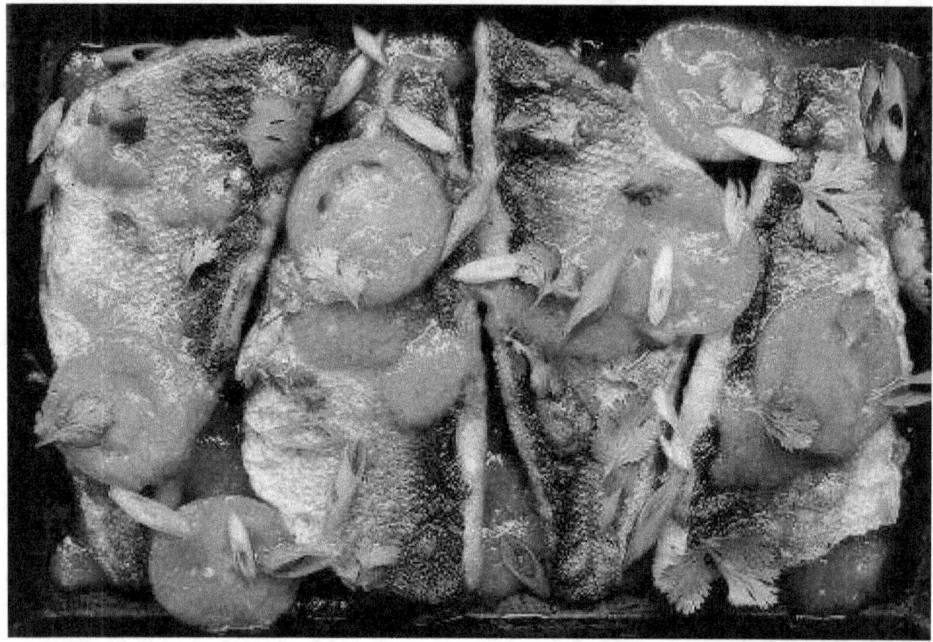

SESTAVINE:
- 1 čajna žlička mlete kurkume
- 4 fileje brancina, vsak po 150–200 g, očiščeni in narezani
- Drobna morska sol
- 100 ml rastlinskega olja
- 200 ml paradižnikovega kečapa
- 2 žlici belega sladkorja
- 2 srednje velika paradižnika, narezana na 1 cm debele rezine
- 1 mlada čebula, narezana na 1 cm debele rezine
- 2 vejici svežega koriandra, nabranih listov

ZA PASTO:
- 1 šalotka
- 2,5 cm svežega ingverja
- 5 strokov česna
- 6 svežih rdečih čilijev brez semen

NAVODILA:

a) Sestavine paste pretlačite v pire skupaj s kančkom vode, dokler ne postanejo gladke, s kuhalnico ali paličnim mešalnikom. Ribje fileje natrite s kurkumo in jih potresite s soljo.

b) Na zmernem ognju segrejte veliko ponev. Dodamo olje in na plitvini pražimo ribe, po dve naenkrat, 3 minute na vsaki strani, da postanejo hrustljave. Izdolbite na servirni krožnik in postavite na stran.

c) Uporabite olje, ki je ostalo v ponvi, da pasto dušite 2 minuti, dokler ne zadiši. Dodajte kečap, sladkor in 1 čajno žličko soli, skupaj s 100 ml vode in kuhajte 1 minuto, nato dodajte paradižnik in kuhajte še 1 minuto.

d) Z omako prelijemo ribje fileje in okrasimo z mlado čebulo in koriandrom. Postrezite takoj, z jasminovim rižem.

21. Dušen divji brancin z limonsko travo in ingverjem

SESTAVINE:
- 4 stroki česna
- 3 čiliji iz ptičje perspektive
- 1 čajna žlička fine morske soli
- 1 cel divji brancin, približno 300–400 g, brez drobovja in luščin

ZA PRELIV:
- 1 žlica ostrigine omake
- 1 žlica ribje omake
- 3 žlice limetinega soka
- ½ čajne žličke rjavega sladkorja
- 5 cm svežega juliena ingverja
- 2 stebli limonske trave, na tanke rezine
- 6 listov kaffir limete (ali trakovi lupine 2 limet)

ZA OKRAS:
- 6 vejic svežega koriandra, nabranih in grobo narezanih listov
- 1 rdeč čili , narezan na tanke rezine
- 1 mlada čebula, julien in namočena v vodi 15 minut

NAVODILA:
a) Česen in čilije pretlačite v grobo pasto s tolkačem in možnarjem. Pasto dajte v skledo s sestavinami za preliv in 200 ml vode ter dobro premešajte.
b) Nastavite soparnik ali postavite rešetko v vok ali globoko ponev s pokrovom. Zalijemo s 5 cm vode in na močnem ognju zavremo.
c) Ribo natrite s soljo, nato jo položite v globoko posodo ali model za torte, postavite v soparo in kuhajte na pari 10 minut. Odprite pokrov in prelijte preliv, nato ponovno pokrijte in kuhajte na pari 10–12 minut, dokler se riba ne skuha.
d) 4 Okrasite s koriandrom, čilijem in mlado čebulo ter takoj postrezite.

22. Praženje s kozicami in špinačo

SESTAVINE:
- 400 g špinače (ali jutranje slave, če jo najdete)
- 1 čajna žlička paste iz kozic, suho opečenih (ali 2 žlici ribje omake)
- 5 strokov česna
- 2 žlici rastlinskega olja
- 1 rdeč čili, narezan na 0,5 cm debele rezine
- 300 g surovih kozic, olupljenih
- 1 žlica svetle sojine omake
- 3 žlice čilijeve paste, že pripravljene v kozarcu ali domače

NAVODILA:
a) Stebla slamnika razpolovimo in narežemo na približno 10 cm dolge kose. Sperite jih z vodo.
b) Zmešajte pasto iz kozic s 50 ml vode v majhni posodi, dokler ni gladka. Česen s pestilom in možnarjem pretlačite do drobnega.
c) V voku ali večji ponvi na močnem ognju segrejemo olje. Dodamo strt česen in čili ter pražimo, dokler ne zadiši in zlato rjavo. Dodajte kozice in sojino omako ter kuhajte, dokler kozice ne začnejo postajati rožnate, vendar še niso popolnoma kuhane.
d) Dodamo čilijevo pasto, jutranjo slavo in mešanico paste s kozicami, dobro premešamo in pokrijemo s pokrovko. Pustite kuhati 2 minuti, nato odstranite pokrov in dobro premešajte. Zelenjava bi morala že oveneti. Ponovno premešajte, nato ugasnite ogenj in takoj postrezite.

23.Curry iz kozic z ananasom na žaru

SESTAVINE:
- 300 g ananasa, grobo narezanega na koščke
- 3 žlice rastlinskega olja
- 1 srednja čebula, grobo narezana
- 3 stroki česna, drobno sesekljani
- 2 vejici curryjevih listov, nabrani listi (ali 3 lovorjevi listi)
- 1 zvezdasti janež
- 1 cimet
- 1 žlica tamarindove paste (ali limoninega ali limetinega soka)
- 1 čajna žlička fine morske soli
- 400 g surovih kraljevih kozic, olupljenih
- 200 ml kokosovega mleka

ZA ZMLETO začimbno **MEŠANICO**
- 1½ žlice mletega koriandra
- 2 žlički mletega koromača
- 1 čajna žlička mlete kumine
- 1 čajna žlička mlete kurkume
- 2 žlički čilija v prahu

NAVODILA:

a) Sestavine začimbne mešanice zmešajte v skledi skupaj s 100 ml vode in odstavite.

b) Na močnem ognju segrejte rešetko ali srednjo ponev in ananas pecite na žaru v dveh ali treh sklopih, po 2 minuti na vsaki strani, da lepo zoglene in porjavi. Dati na stran.

c) Na zmernem ognju segrejte ponev. Dodamo olje, nato prepražimo čebulo in česen, da zadišita in zlato rjavo zapečeta. Dodamo karijeve liste, zvezdasti janež in cimet ter kuhamo 1 minuto. Dodajte začimbno mešanico, tamarindo in sol, zmanjšajte ogenj in kuhajte 2 minuti.

d) Sedaj dodajte kozice, kokosovo mleko in 100 ml vode ter kuhajte 2 minuti oziroma dokler kozice ne postanejo rožnate. Na koncu dodajte ananas in kuhajte še 1 minuto. Postrezite z jasminovim rižem.

24. Začinjena pečena vahnja

SESTAVINE:
- 4 kosi bananinih listov 25 × 25 cm (ali peki papir)
- 3 žlice rastlinskega olja
- 4 fileji vahnje, vsak približno 200–250 g
- 2 limoni, narezani na 8 rezin
- 4 listi kaffir limete, narezani na tanke rezine (ali trakovi lupine 2 limet)
- 4 vejice svežega koriandra, nabranih listov

ZA PASTO:
- 3 šalotke
- 3 stroki česna
- 8 posušenih čilijev, namočenih v vreli vodi 10 minut
- 2 stebli limonske trave (uporabite samo spodnjo polovico)
- 2,5 cm svežega galgana (ali ingverja)
- 3 orehi makadamije
- 4 čajne žličke pireja iz ingverjevih cvetov (ali pireja iz limonske trave)
- 1 čajna žlička paste iz kozic, suho opečenih (ali 2 žlici ribje omake)
- 1 čajna žlička fine morske soli

NAVODILA:
a) Pečico segrejte na 200°C/ventilatorsko 180°C/plinska oznaka 6.
b) Očistite bananine liste, če jih uporabljate, nato pa jih zmehčajte tako, da jih za nekaj sekund postavite na majhen ogenj ali nad paro iz grelnika vode. List bo postal temen, postal bo mehkejši in ga bo enostavno zaviti.
c) S kuhalnico ali paličnim mešalnikom zmešajte sestavine za pasto, dokler niso gladke. V srednji ponvi na majhnem ognju segrejte olje, pasto kuhajte 4 minute, nato ogenj ugasnite. Na sredino vsakega bananinega lista damo en ribji file in ga natremo s četrtino paste.
d) Na vsako stran položimo rezino limone in potresemo z listi limete in koriandra. Prepognite bananine liste, če jih uporabljate, in zavijte ribo, da naredite paket, nato pa jo položite na kos aluminijaste folije 30 × 30 cm in jo tesno zavijte, tako da sta oba konca pritrjena. Ponovite s preostalimi ribjimi fileji.
e) Položite na pekač in pecite 20 minut. Postrezite takoj.

25. Začinjena kisla enolončnica morske spake

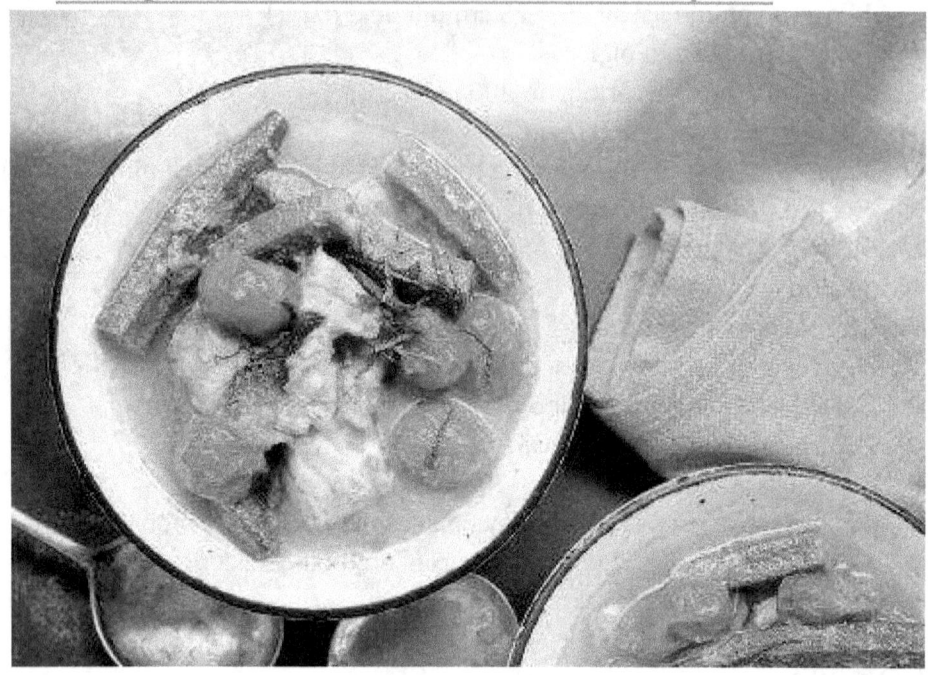

SESTAVINE:
- 3 žlice rastlinskega olja
- 2 stebli limonske trave, zdrobljeni
- 1½ žlice pireja iz cvetov ingverja (ali pireja iz limonske trave)
- 1 čajna žlička fine morske soli
- 1 čajna žlička rjavega sladkorja
- 3 žlice tamarindove paste (ali limoninega ali limetinega soka)
- 800 g morske spake, grobo narezane na majhne koščke
- 10 majhnih okra , oba konca obrezana
- 10 češnjevih paradižnikov
- 4 vejice vietnamskega koriandra (ali mete ali tajske bazilike), nabrani listi

ZA PASTO:
- 10 posušenih čilijev , namočenih v vrelo vodo za 10 minut
- 1 srednja čebula
- 1 šalotka
- 3 stroki česna
- 5 cm sveže kurkume (ali 2 žlički mlete kurkume)
- 2,5 cm svežega ingverja
- ½ žlice paste iz kozic, suho opečenih (ali 2 žlici ribje omake)

NAVODILA:
a) S kuhalnico ali paličnim mešalnikom zmešajte sestavine za pasto, dokler niso gladke.
b) Na zmernem ognju predhodno segrejte ponev. Dodamo olje in kuhamo pire iz limonske trave in ingverjevih cvetov, da zadiši. Dodamo pasto, nato zmanjšamo ogenj na nizko in med občasnim mešanjem kuhamo 2 minuti.
c) Dodajte sol, sladkor in tamarindo ter kuhajte 1 minuto. Dodajte morsko spako, okro, paradižnik in vietnamski koriander.
d) Nežno premešajte sestavine, da pasta prekrije in zapre ribe. Dodajte 800 ml vode, zavrite, nato zmanjšajte ogenj in kuhajte 2 minuti ali dokler ribe niso kuhane.
e) Postrezite takoj.

26.Čili Sambal s lignji

SESTAVINE:
- 4 žlice rastlinskega olja
- 3 šalotke, drobno sesekljane
- 3 stroki česna, drobno sesekljani
- 2,5 cm svežega ingverja, drobno narezanega
- 6 žlic čilijeve paste, pripravljene iz kozarca ali domače
- 1 žlica rjavega sladkorja
- ½ čajne žličke fine morske soli
- 2 žlici tamarindove paste (ali limoninega ali limetinega soka)
- 1 čajna žlička paste iz kozic, suho opečenih (ali 2 žlici ribje omake)
- 500 g cevk lignjev, razrežite, križno zarezajte in narežite na kose
- 8 češnjevih paradižnikov
- 1 srednje velika rdeča čebula, narezana na tanke kolobarje

NAVODILA:

a) Na zmernem ognju segrejte vok ali večjo ponev. Dodajte olje in prepražite šalotko, česen in ingver, da zadišijo in zlato rjavo zapečejo. Dodajte čilijevo pasto, sladkor, sol, tamarind in pasto iz kozic, nato zmanjšajte ogenj na nizko in dušite 3 minute, dokler olje ne izloči.

b) Dodamo lignje, paradižnik, rdečo čebulo in 100 ml vode ter kuhamo 2 minuti, dokler se lignji ne zvijejo in zelenjava oveni.

c) Zmes prelijemo na krožnik in postrežemo z jasminovim ali kokosovim rižem.

27.Crab s črnim poprom

SESTAVINE:
- 2 velika rjava raka, približno 400–500 g vsak
- 2 žlici arašidovega olja
- 3 stroki česna, drobno sesekljani
- 1,5 cm svežega ingverja, drobno nasekljanega
- 1 žlica čilijeve paste, pripravljene iz kozarca ali domače
- 1 žlica črnega popra v zrnu, grobo mleta
- 1 žlica soljenih in konzerviranih sojinih zrn (neobvezno)
- 1 žlica sladke sojine omake
- 2 žlici ostrigine omake
- ½ čajne žličke fine morske soli
- 200 ml vrele vode

NAVODILA:

a) Če so raki še živi, jih za 30 minut postavite v zamrzovalnik, da postanejo koma, nato pa jih za približno 15 minut potopite v vrelo vodo. To je bolj humana metoda, kot če jih potopite v popolnoma budno stanje. Ko so blanširani, jim odstranite lupine in kremplje ter jih prerežite na pol. Obdržite kremplje in zavrzite lupine.

b) Na močnem ognju segrejte vok ali veliko globoko ponev. Dodamo olje in prepražimo česen in ingver do zlato rjave barve. Dodajte čilijevo pasto, črni poper, sojina zrna, sojino omako, omako iz ostrig, rakce in sol ter kuhajte 2 minuti, dokler rakci ne začnejo spreminjati barve .

c) Zalijemo z 200 ml vrele vode, nato vok ali ponev pokrijemo s pokrovom, zmanjšamo ogenj na srednjo temperaturo in kuhamo 5 minut, občasno odstranimo pokrov, da dobro premešamo. Rakci morajo biti pripravljeni in omaka se mora zgostiti. Izdolbemo na krožnik in postrežemo.

28.Maslene kozice

SESTAVINE:
ZA OKRAS
- 1 žlica rastlinskega olja
- 3 stroki česna, drobno sesekljani
- 1 zelen čili, narezan na tanke rezine
- 4 vejice curryjevih listov, nabranih listov (ali 6 lovorovih listov)
- 450 g surovih kraljevih kozic, olupljenih
- 2 žlici evaporiranega mleka
- ½ čajne žličke fine morske soli
- ½ čajne žličke sezamovega olja
- Za jajčno nitko
- 8 rumenjakov
- ¼ čajne žličke fine morske soli
- ½ čajne žličke belega sladkorja
- 150 g nesoljenega masla, stopljenega
- ¼ čajne žličke mletega belega popra

NAVODILA:
a) Če želite pripraviti jajčno nitko, v skledi penasto umešajte rumenjake, sol in sladkor. Na močnem ognju segrejte vok ali srednje globoko ponev.

b) Dodamo maslo, nato pa počasi vlijemo jajce, hkrati pa neprestano mešamo, da nastane pena. Ko jajca udarijo v maslo, jih premešamo. To bo preprečilo, da bi se jajca zlepila skupaj, in tvorila bodo niti jajčne nitke. Nadaljujte z mešanjem, dokler se jajčna nitka ne obarva zlato rjavo. Izdolbite in odcedite odvečno maslo.

c) Potresemo s sladkorjem, morsko soljo in belim poprom ter dobro premešamo. Dati na stran.

d) Vok ali ponev ponovno postavimo na srednji ogenj. Dodamo olje in nekaj sekund med mešanjem pražimo česen, čili in liste karija. Takoj dodamo kozice, evaporirano mleko in sol ter med mešanjem pražimo 2 minuti, da kozice rožnato obarvajo in so kuhane.

e) Dodamo sezamovo olje in vse skupaj dobro premešamo, nato prestavimo na krožnik. Kozice prelijemo z jajčno nitko in takoj postrežemo.

29.Tradicionalni ribji curry

SESTAVINE:
ZA OKRAS
- 6 žlic rastlinskega olja
- 2 vejici curryjevih listov, nabrani listi (ali 3 lovorjevi listi)
- 1 čajna žlička halbe kampur (glej zgoraj)
- 2 žlici tamarindove paste (ali limoninega ali limetinega soka)
- 1½ čajne žličke fine morske soli
- 800 g lososovih filejev, narezanih na 4 cm široke trakove
- 50 ml kokosovega mleka
- 6 okra , diagonalno prerezanih na pol
- 8 češnjevih paradižnikov
- 2 žlici drobno sesekljanega koriandra za okras

ZA MLETE ZAČIMBE:
- 2 žlici koriandrovih semen
- 1 čajna žlička semen koromača
- ½ čajne žličke semen kumine
- ½ čajne žličke semen piskavice
- 1 čajna žlička črnega popra v zrnu
- 5 cm cimeta
- 1 zvezdasti janež

ZA PASTO:
- 3 šalotke
- 8 posušenih čilijev , namočenih v vreli vodi 10 minut
- 4 stroki česna
- 2,5 cm svežega ingverja
- 5 cm sveže kurkume (ali 2 žlički mlete kurkume)

NAVODILA:

a) Sestavine za mlete začimbe pražimo v suhi ponvi 1 minuto, da zadišijo, nato mešanico z mlinčkom za začimbe fino zmeljemo. Sestavine za pasto zmešajte s kančkom vode v kuhinjskem robotu, dokler niso gladke, nato jih prenesite v skledo in temeljito premešajte z mletimi začimbami.

b) Na zmernem ognju segrejte večjo ponev in dodajte olje. Dušite karijeve liste 10 sekund, da zadišijo, nato dodajte mešanico začimb in halbo kampur in kuhajte, dokler se olje ne loči. Dodamo tamarindo in sol ter kuhamo 1 minuto.

c) Dodajte ribe, skupaj s 100 ml vode in kuhajte 2 minuti, dokler se kosi ribe ne zaprejo. Dodajte kokosovo mleko, okra in češnjeve paradižnike z nadaljnjimi 300 ml vode, zavrite in kuhajte še 2 minuti, dokler zelenjava ne oveni.

d) Ribo preluknjajte z vilicami, da preverite, ali je pečena, nato jo zajemite v servirno skledo, okrasite s koriandrom in postrezite z rižem.

30. Začinjeni lignji

SESTAVINE:
- 2 žlici rastlinskega olja
- 3 stroki česna, na tanko narezani
- 2,5 cm svežega juliena ingverja
- 2 stebli limonske trave, zdrobljeni
- 4 listi kaffir limete (ali trakovi lupine 2 limet)
- 4 čilije iz ptičje perspektive
- 1 rdeč čili, narezan na tanke in diagonalno
- 1 srednja čebula, narezana na tanke rezine
- 500–600 g cevk lignjev, očiščenih in narezanih
- 1 žlica ostrigine omake
- 1 žlica svetle sojine omake
- 1 žlica ribje omake
- 1 čajna žlička rjavega sladkorja

NAVODILA:

a) Na močnem ognju segrejte vok ali večjo ponev. Dodamo olje in pražimo česen, ingver in limonsko travo, da zadišijo. Dodamo liste kaffir limete, vse čilije in čebulo ter pražimo 30 sekund, da čebula rahlo oveni.

b) Zdaj dodamo lignje, vse omake in sladkor ter pražimo 1–2 minuti, da se koščki lignjev zvijejo. Prenesite na krožnik in takoj postrezite.

31. Praženje s kozicami in širokim fižolom

SESTAVINE:

- 3 šalotke
- 2,5 cm svežega ingverja
- 3 stroki česna
- 6 žlic rastlinskega olja
- 8 žlic čilijeve paste, pripravljene iz kozarca ali domače
- 1½ žlice rjavega sladkorja
- 1 čajna žlička fine morske soli
- 2 žlici tamarindove paste (ali limoninega ali limetinega soka)
- 1 čajna žlička paste iz kozic, suho opečenih (ali 2 žlici ribje omake)
- 600 g surovih kraljevih kozic, olupljenih
- 100 g boba (ali grenkega fižola), blanširanega v vreli vodi 2 minuti

NAVODILA:

a) S kuhalnico ali paličnim mešalnikom stepite šalotko, ingver in česen do gladkega. V voku ali veliki ponvi na srednjem ognju segrejte olje in zmes prepražite, da zadiši in zlato rjavo zapeče.

b) Dodajte čilijevo pasto, sladkor, sol, tamarind in pasto iz kozic, nato zmanjšajte ogenj na nizko in dušite 3 minute, dokler olje ne izloči.

c) Dodajte kozice, grenak fižol in 100 ml vode ter kuhajte 4 minute, dokler kozice ne postanejo rožnate in kuhane. Prilijemo še 200 ml vode in kuhamo še minuto, nato ogenj ugasnemo.

d) Prenesite na krožnik in takoj postrezite.

32.Umešana jajca z ostrigami

SESTAVINE:
- 12 ostrig, oluščenih
- 2 žlici rastlinskega olja
- 2 žlici svetle sojine omake
- 3 stroki česna, drobno sesekljani
- 1 mlada čebula, narezana na 0,5 cm debele rezine
- Ščepec belega popra
- Za jajčno maso
- 4 žlice gladke moke
- 4 žlice koruzne moke
- ½ čajne žličke fine morske soli
- 2 jajci
- Za pripravo ostrig
- 2 žlici gladke moke
- 1 žlica belega kisa (npr. rižev kis)

NAVODILA:
a) Če želite z ostrig odstraniti pesek ali pesek, jih potresite z 2 žlicama navadne moke in pustite stati 2 minuti, nato pa jih sperite s hladno vodo.
b) Da bodo ostrige polne in sočne, v ponvi zavrite 500 ml vode in dodajte beli kis. Dodamo ostrige in jih blanširamo 1 minuto. Z žlico z režami jih izdolbite, nato pa jih položite v majhno skledo z ledeno mrzlo vodo, da preprečite, da bi se še naprej kuhali. Dati na stran.
c) Če želite narediti testo, dajte navadno moko, koruzno moko in sol v skledo s 100 ml vode in premešajte do gladkega. Dodamo jajca in jih temeljito premešamo. V 25 cm ponvi segrejte 1 žlico olja. Vlijemo mešanico testa in potresemo z 1 žlico sojine omake.
d) Testo skuhajte, dokler ni hrustljavo, nato ga obrnite in z dvema lesenima žlicama razmešajte na manjše kose. Ugasnemo ogenj, nato izdolbemo zmešano maso in jo damo na krožnik.
e) Na močnem ognju ponovno segrejte ponev in dodajte preostalo žlico olja. Česen popražimo, da zadiši in rahlo zlato zapeče, nato dodamo ostrige in mlado čebulo ter kuhamo, dokler ne oveni.
f) Dodamo preostalo žlico sojine omake in nežno premešamo, nato izdolbemo in dodamo zmešanemu testu.
g) Pred serviranjem po vrhu potresemo ščepec belega popra.

33. Hrustljavo ocvrta orada s kurkumo

SESTAVINE:
- 3 srednje velike cele orade, približno 150–200 g vsake, brez drobovja, lusk in zarez (ali uporabite fileje orade)
- 1 žlica mlete kurkume
- 1 čajna žlička fine morske soli
- ½ žlice grobo mletega črnega popra
- 6 žlic rastlinskega olja

NAVODILA:
a) Ribo splaknite z vodo, nato jo izdatno natrite s kurkumo, soljo in črnim poprom ter pustite, da se marinira 10 minut.
b) Večjo ponev pristavimo na srednji ogenj, dodamo olje in na vsaki strani po 3 minute pražimo ribe. Postrezite takoj.

MESO

34. Piščanec v sojini omaki in medu

SESTAVINE:
- 1 kg piščančjih beder brez kosti
- 2 žlici mlete kurkume
- ½ čajne žličke fine morske soli
- 6 žlic rastlinskega olja
- 2 šalotki, drobno sesekljani
- 3 stroki česna, drobno sesekljani
- 2,5 cm svežega ingverja, drobno narezanega
- 2 žlici mlete začimbne mešanice za meso, zmešane z malo vode
- 3 žlice medu
- 150 ml sladke sojine omake
- ½ čajne žličke fine morske soli

ZAČIMBE IN ZELIŠČA
- 5 cm cimetove palčke
- 1 zvezdasti janež
- 4 nageljnove žbice
- 2 stroka kardamoma
- 1 list pandana , zavezan v vozel (ali 2 lovorjeva lista)
- 2 vejici curryjevih listov, nabrani listi (ali 3 lovorjevi listi)

NAVODILA:
a) Piščanca, kurkumo in sol damo v skledo in pustimo marinirati 15 minut.
b) Na zmernem ognju segrejte veliko ponev. Dodamo 4 žlice olja in piščanca plitko pražimo 3 minute na vsaki strani, da zlato zarumeni.
c) Na zmernem ognju segrejte ponev. Dodajte preostalo olje in prepražite šalotko, česen in ingver, da zadišijo in zlato rjavo zapečejo.
d) Dodamo začimbe in zelišča ter pražimo 1 minuto. Dodajte zmleto mešanico začimb in kuhajte 2 minuti, nato dodajte piščanca, med, sladko sojino omako in sol skupaj z 200 ml vode. Zavremo, nato zmanjšamo ogenj in pustimo vreti 10 minut, da se kosi piščanca dodobra skuhajo. Omako je treba reducirati in zgostiti.
e) Prestavimo v servirno skledo in postrežemo z rižem.

35. Malajski piščančji curry

SESTAVINE:
- ½ srednje velike čebule
- 3 stroki česna
- 2,5 cm svežega ingverja
- 3 žlice mlete mešanice začimb za meso
- 4 žlice rastlinskega olja
- 1 zvezdasti janež
- 5 cm cimetove palčke
- 1 list pandana , zavezan v ohlapen vozel (ali 3 lovorjevi listi)
- 2 žlici tamarindove paste (ali limoninega ali limetinega soka)
- 1 čajna žlička fine morske soli
- 400 g piščančjih prsi brez kosti, narezanih na tanke rezine
- 50 ml kokosovega mleka

NAVODILA:

Čebulo, česen in ingver stepemo v kuhinjskem robotu ali pa s paličnim mešalnikom, dokler niso fini. V posodi zmešajte zmleto začimbno mešanico s 100 ml vode.

Na zmernem ognju segrejte ponev in dodajte olje. Prežgane sestavine prepražimo do zlato rjave barve, nato dodamo zvezdasti janež, cimet in list pandana . Pražimo 30 sekund, nato dodamo zmleto začimbno mešanico, tamarindo in sol ter kuhamo 2–3 minute, da olje izloči.

Dodajte koščke piščanca skupaj s 150 ml vode in dušite, dokler piščanec ni kuhan. Nazadnje dodajte kokosovo mleko in zavrite. Izdolbemo v skledo in postrežemo z rižem.

36. Začinjena in kisla goveja enolončnica

SESTAVINE:
- 400 g govejega fileja, narezanega na tanke rezine
- 1 šalotka, narezana na tanke rezine
- 2 stroka česna, narezana na tanke rezine
- 2,5 cm svežega ingverja, narezanega na tanke rezine
- 2,5 cm svežega galgana (ali dodatnega ingverja), narezanega na tanke rezine
- ½ čajne žličke mlete kurkume
- 2 stebli limonske trave (uporabite samo spodnjo polovico), nabrušeni
- ½ žlice koriandrovih semen, grobo mletih
- 4 čiliji iz ptičje perspektive, zdrobljeni
- 2 žlici tamarindove paste (ali limoninega ali limetinega soka)
- ½ čajne žličke paste iz kozic, suho opečene (ali 2 žlici ribje omake)
- 1 čajna žlička fine morske soli
- 10 češnjevih paradižnikov

ZA OKRAS:
- 2 žlici že pripravljene popražene šalotke
- 1 mlada čebula, narezana na 5 cm dolge trakove
- 6 vejic svežega koriandra
- ½ čajne žličke čilijevih kosmičev

NAVODILA:

a) Vse sestavine razen češnjevih paradižnikov in okrasa damo v ponev In prilijemo 1,2 litra vode. Zavremo, nato zmanjšamo ogenj in pustimo vreti brez pokrova 30 minut, dokler se govedina ne zmehča.

b) Dodamo češnjeve paradižnike in kuhamo 2 minuti, dokler se ne začnejo mehčati. Ugasnite ogenj in okrasite s popraženo šalotko, mlado čebulo, koriandrovimi listi in čilijevimi kosmiči.

37. Kitajska enolončnica s piščancem in zelišči

SESTAVINE:

- 1,2 kg piščančjih beder s kostmi
- 8 strokov česna, strt
- 1 žlica temne sojine omake
- 2 žlici svetle sojine omake
- 1 žlica ostrigine omake
- 8 kosov že pripravljenega ocvrtega gobastega tofuja, prerezanega na pol
- 80 g posušenih palčk fižolove skute, namočenih v hladni vodi 1 uro in narezanih na 5 cm velike kose
- 4 veje svežega koriandra, drobno sesekljanega, za okras
- 1 mlada čebula, narezana na 0,5 cm debele rezine, za okras

ZAČIMBE (ALI UPORABITE 70 G GOTOVI PAKET ZAČIMB BAK KUT TEH)

- 1 čajna žlička belega popra, rahlo zdrobljenega
- 1 zvezdasti janež
- 1 cimetova palčka
- 1 čajna žlička semen koromača
- 4 rezine posušene korenine sladkega korena (gan čao)
- 3 rezine posušene korenine astragalusa (huang qi)
- 4 rezine posušene korenine angelike (dong quai)
- 4 posušene korenine slivovega cveta (dang shen)

NAVODILA:

a) V velik lonec dajte piščanca, česen, sojine omake, omako iz ostrig in začimbe, zavite v kos muslina. Prilijemo 2 litra vode, zavremo, nato zmanjšamo ogenj in pustimo vreti 1 uro.

b) Dodamo popražen gobasti tofu in palčke fižolove skute ter dušimo še 15 minut. Prelijte v sklede in postrezite, okrašeno s koriandrom in mlado čebulo.

38. Piščančja jetra in fini stročji fižol

SESTAVINE:
- 500 g piščančjih jeter, narezanih na 4 cm velike kose
- 2 zelena čilija , očiščena in pretlačena
- 2 cm sveže kurkume, pretlačene (ali 1 čajna žlička mlete kurkume)
- ½ žlice mletega koriandra
- ½ čajne žličke mlete kumine
- ½ čajne žličke mletega koromača
- 1 strok zelenega kardamoma, cel strok dobro pretlačen
- 100 ml kokosovega mleka
- ½ čajne žličke fine morske soli
- 400 g finega stročjega fižola, diagonalno narezanega na 4 cm velike kose

NAVODILA:
a) Piščančja jetrca, čilije , kurkumo in mlete začimbe damo v skledo in pustimo marinirati 5 minut.
b) Na srednjem ognju segrejte srednje veliko ponev in dodajte marinirane sestavine, kokosovo mleko in sol ter 200 ml vode.
c) Zavremo, nato zmanjšamo ogenj in pustimo vreti 5 minut, dokler se omaka ne zmanjša na polovico in se jetra skuhajo. Dodamo fižol in kuhamo 1 minuto, da rahlo oveni.
d) Prenesite na krožnik in takoj postrezite.

39.Zrezek na žaru

SESTAVINE:
- 2 žlici koriandrovih semen
- 1 žlica kuminovih semen
- 1 žlica belega popra v zrnu
- 4 goveji zrezki, vsak približno 150 g
- 1½ čajne žličke fine morske soli

NAVODILA:
a) Koriander, kumino in poprova zrna stresite v možnar in pretlačite s pestilom, tako da ostane tekstura nekoliko groba. Prenesite v veliko skledo.
b) V skledo dodajte goveje meso in sol ter pustite, da se marinira 30 minut.
c) Goveje meso pečemo na žaru 5 minut na vsaki strani. Nato, odvisno od tega, kako želite, da je vaša govedina pečena, jo pecite na žaru še približno 2 minuti na vsaki strani – tako boste dobili srednje pečeno govedino (kot jo imam rad). Če želite, lahko govedino skuhate v močni ponvi z debelo osnovo. Pustite, da se ponev zelo segreje – tako bo vaša govedina dobila rahlo zoglenel, sladek zaključek.
d) Kuhano govedino prestavimo na krožnik, pokrijemo z aluminijasto folijo (ali bolj rustikalno z bananinim listom) in pustimo počivati 5 minut, nato narežemo na 2 cm debele trakove in postrežemo s tamarindovo pomako s kockami paradižnika in čebule. .

40. Bogat jagnječji kari

SESTAVINE:
- 8 žlic rastlinskega olja
- 5 cm cimetove palčke
- 2 zvezdasti janež
- 4 zeleni stroki kardamoma
- 1 steblo limonske trave, zdrobljeno
- 2 lista pandana , zavezana v vozel (ali 4 lovorjevi listi)
- 2 žlici tamarindove paste (ali limoninega ali limetinega soka)
- 1 žlica rjavega sladkorja
- 1½ čajne žličke fine morske soli
- 1 kg jagnječje stegno brez kosti, narezano na 4 cm velike kose
- 200 ml kokosovega mleka
- 3 žlice kerisika (pražen kokos)

ZA MLETE ZAČIMBE:
- 5 žlic mletih začimb za aromatičen goveji riž in bogat jagnječji curry

ZA PASTO:
- 3 šalotke
- 10 posušenih čilijev , namočenih v vrelo vodo za 10 minut
- 4 stroki česna
- 5 cm svežega ingverja
- 5 cm svežega galgana (ali ekstra ingverja)
- 5 cm sveže kurkume (ali 2 žlički mlete kurkume)
- 1 srednja čebula
- 3 stebla limonske trave
- 1 čajna žlička paste iz kozic, suho opečenih (ali 2 žlici ribje omake)

NAVODILA:

a) Sestavine za pasto zmešajte v kuhinjskem robotu s kančkom vode do gladkega. Prestavimo v skledo in dobro premešamo z zmleto začimbno mešanico.

b) Na zmernem ognju segrejte večjo ponev in dodajte olje. Cimet, zvezdasti janež, stroke kardamoma, limonsko travo in liste pandana dušite 2 minuti, dokler ne zadišijo. Začimbe bodo prepojile olje. Dodajte mešanico začimbne paste, tamarind, sladkor in sol ter pražite 2–3 minute, dokler olje ne izloči.

c) Dodamo jagnjetino in dobro premešamo, da začimbe prekrijejo meso. Zdaj dodajte kokosovo mleko skupaj s 300 ml vode in zavrite, nato zmanjšajte ogenj in kuhajte 30 minut, dokler se omaka ne zgosti in zgosti.

d) Dodajte kerisik in dobro premešajte, nato ugasnite ogenj in prenesite v servirno skledo. Postrezite z navadnim rižem ali na pari kuhanim lepljivim rižem.

41.Nyonya Kapitan piščančji curry

SESTAVINE:
- 6 žlic rastlinskega olja
- 1 steblo limonske trave, zdrobljeno
- 1½ čajne žličke fine morske soli
- ½ žlice rjavega sladkorja
- 800 g piščančjih beder brez kosti
- 100 ml kokosovega mleka
- 3 žlice kerisika (pražen kokos)
- 6 listov kaffir limete, na tanke rezine (ali trakovi lupine 2 limet)
- 1½ žlice limetinega soka

ZA ZAČIMBNO MEŠANICO
- 2 žlici koriandrovih semen
- ½ čajne žličke mletega muškatnega oreščka
- 2 žlički kuminovih semen
- ½ čajne žličke semen piskavice
- 5 cm cimetove palčke

ZA PASTO:
- 3 šalotke
- 5 strokov česna
- 5 cm sveže kurkume (ali 2 žlički mlete kurkume)
- 2,5 cm svežega ingverja
- 2,5 cm svežega galgana (ali ekstra ingverja)
- ½ srednje velike čebule
- 8 posušenih čilijev, namočenih v vreli vodi 10 minut
- 2 stebli limonske trave
- 1 čajna žlička paste iz kozic, suho opečenih (ali 2 žlici ribje omake)
- 4 zdrobljeni orehi makadamije

NAVODILA:

a) Začimbno mešanico pražimo v ponvi na srednje močnem ognju 1 minuto, nato prestavimo v mlinček začimb in zmeljemo do finega.

b) S kuhalnico ali paličnim mešalnikom zmešajte sestavine paste s kančkom vode, dokler ne postane gladka. Prestavimo v skledo in dobro premešamo z zmleto začimbno mešanico.

c) V ponvi na srednjem ognju segrejte olje in pražite limonsko travo 1 minuto, da se olje prepoji. Dodajte pasto in mešanico začimb ter pražite 2 minuti, dokler olje ne izloči. Dodajte sol, sladkor in piščanca ter kuhajte 2 minuti, da se zapre.

d) Dodajte kokosovo mleko skupaj s 300 ml vode in zavrite, nato zmanjšajte ogenj na nizko in kuhajte 10 minut, enkrat ali dvakrat premešajte, dokler se piščanec ne skuha.

e) Nazadnje dodajte kerisik, liste limete in limetin sok ter kuhajte 2 minuti, nato postrezite z jasminovim rižem.

42. Perak Beef Rendang

SESTAVINE:
- 6 žlic rastlinskega olja
- 1 steblo limonske trave, zdrobljeno
- 4 zeleni stroki kardamoma
- 800 g govedine (najboljša zadka)
- 100 ml kokosovega mleka
- 1 žlica temnega kokosovega sladkorja ali sladkorja melase
- 1 čajna žlička fine morske soli
- 4 žlice kerisika (pražen kokos)
- 4 listi kaffir limete, zdrobljeni (ali trakovi lupine 2 limet)

ZA ZMLETO ZAČIMBNO MEŠANICO
- 1 žlica semen koromača
- 2 žlici koriandrovih semen
- 1 čajna žlička kuminovih semen
- 1 čajna žlička črnega popra v zrnu

ZA ZAČIMBNO PASTO
- 10 posušenih čilijev, namočenih v vrelo vodo za 10 minut
- 3 stebla limonske trave
- 5 cm svežega ingverja
- 5 cm svežega galgana (ali ekstra ingverja)
- 5 cm sveže kurkume (ali 2 žlički mlete kurkume)
- 3 stroki česna
- 1 čajna žlička paste iz kozic, suho opečenih (ali 2 žlici ribje omake)
- ½ srednje velike čebule

AVODILA:

a) Sestavine mešanice začimb na suho prepražimo v majhni ponvi, dokler ne zadišijo, nato semena zmeljemo z mlinčkom za začimbe, dokler se ne spremenijo v fin prah. Sestavine za pasto zmešajte v kuhinjskem robotu, dokler niso gladke.

b) V skledi zmešajte zmleto začimbno mešanico in sestavine začimbne paste, da nastane curry pasta. V veliki kozici segrejte olje in na njem 30 sekund pražite stroke limonske trave in kardamoma, da se olje prepoji. Dodamo mešanico paste in začimb ter pražimo približno 5 minut, dokler olje ne izloči.

c) Dodajte govedino, kokosovo mleko, sladkor in sol skupaj s 100 ml vode ter vse skupaj dobro premešajte. Na majhnem ognju dušimo 45 minut oziroma dokler se govedina ne zmehča.

d) Nazadnje dodamo še kerišik in limetine liste ter na majhnem ognju dušimo 2 minuti. Postrezite z dušenim jasminovim rižem.

43. Aromatični piščančji curry

SESTAVINE:

- 300 g krompirja
- 6 žlic rastlinskega olja
- 1 zvezdasti janež
- 5 cm cimetove palčke
- 2 vejici curryjevih listov, nabrani listi (ali 3 lovorjevi listi)
- 1 žlica tamarindove paste (ali limoninega ali limetinega soka)
- 1 čajna žlička fine morske soli
- 800 g kosov piščančjega stegna brez kosti
- 100 ml kokosovega mleka
- 4 vejice svežega koriandra, nabrane in grobo narezane liste

ZA ZMLETO ZAČIMBNO MEŠANICO

- 2 žlici koriandrovih semen
- 2 žlički kuminovih semen
- 2 žlički semen komarčka
- 1 cimetova palčka, nalomljena na koščke
- 1 zvezdasti janež, nalomljen na koščke

ZA ZAČIMBNO PASTO

- 10 posušenih čilijev, namočenih v vrelo vodo za 10 minut
- 4 stroki česna
- 2 šalotki
- 1,5 cm svežega ingverja
- 2,5 cm sveže kurkume (ali 1 čajna žlička mlete kurkume)

NAVODILA:

a) V majhni kozici z vodo kuhajte krompir z lupino 8–10 minut, dokler ni kuhan. Odcedimo, olupimo in narežemo na majhne koščke, nato prestavimo v skledo in odstavimo.

b) Zmlete sestavine začimbne mešanice pražimo v ponvi na srednji temperaturi 1 minuto. Prenesite v mlinček za začimbe in zmeljite do gladkega.

c) S kuhalnico ali paličnim mešalnikom stepajte sestavine za pasto s kančkom vode, dokler niso gladke. Prestavimo v skledo in dobro premešamo z zmleto začimbno mešanico.

d) Na zmernem ognju segrejte ponev. Dodajte olje in pražite zvezdasti janež in cimet 30 sekund, da se olje prepoji. Dodajte mešanico paste in začimb ter curryjeve liste in pražite 2 minuti, dokler olje ne izloči.

e) Dodajte tamarind in sol ter kuhajte 1 minuto, nato dodajte piščanca in kuhajte 2 minuti, da se zapre. Dodajte kokosovo mleko, skupaj s 600 ml vode, zavrite, nato zmanjšajte ogenj in kuhajte 10 minut, dokler piščanec ni kuhan.

f) Dodamo krompir in kuhamo še 2 minuti. Okrasite s sesekljanim koriandrom in takoj postrezite z jasminovim ali basmati rižem.

44. Govedina v sojini omaki

SESTAVINE:
- 300 g krompirja, olupljenega in narezanega na 1 cm debele rezine
- 200 ml rastlinskega olja
- ½ srednje velike čebule, drobno sesekljane
- 5 strokov česna, drobno sesekljan
- 2,5 cm svežega ingverja, drobno narezanega
- 5 cm cimetove palčke
- 2 zvezdasti janež
- 4 stroki kardamoma
- 1 list pandana , zavezan v ohlapen vozel (ali 2 lovorjeva lista) (neobvezno)
- 2 žlici mlete začimbne mešanice za meso, pomešane s kančkom vode
- ½ čajne žličke fine morske soli
- 1 kg govejega vrha, narezanega na kose
- 180 ml sladke sojine omake
- 3 žlice kokosovega mleka

ZA OKRAS:
- 6 žlic rastlinskega olja
- 2 vejici curryjevih listov, nabrani listi (ali 3 lovorjevi listi)
- 5 cm svežega juliena ingverja
- 1 srednje velika rdeča čebula, narezana na 0,5 cm velike kolobarje

NAVODILA:

a) Z narezanega krompirja odstranite nekaj škroba tako, da ga za 5 minut namočite v vodo, nato pa ga osušite s kuhinjskim papirjem.

b) V ponvi na zmernem ognju segrejemo olje in pražimo krompir, da zlato zarumeni. Vzemite jih ven z žlico z režami in postavite na stran. Z istim oljem prepražite sestavine za okras, da postanejo hrustljave in zlato rjave. Izdolbite in postavite na stran.

c) Na zmernem ognju segrejte večjo globoko ponev in dodajte 6 žlic olja, s katerim ste pražili krompir in okras. Dodajte čebulo, česen in ingver ter kuhajte, dokler ne zadiši. Dodajte cimet, zvezdasti janež, stroke kardamoma in list pandana ter med mešanjem kuhajte, dokler zmes ne postane zlata.

d) Dodamo zmleto začimbno mešanico in sol ter kuhamo toliko časa, da olje izloči. Kuhajte še 2 minuti, nato dodajte govedino in premešajte, da se prekrije. Dodamo sojino omako, kokosovo mleko in 250 ml vode, zavremo, nato zmanjšamo ogenj in pustimo vreti 30 minut, da se meso zmehča in omaka zgosti.

e) Odstavimo z ognja in dodamo pražen krompir ter sestavine za okras in dobro premešamo. Postrezite takoj.

45. Cvrtje s piščancem in gobami Shiitake

SESTAVINE:
- 8 posušenih gob šitake
- 2 žlici rastlinskega olja
- 1 rdeč čili , narezan na 0,5 cm debele rezine
- 5 strokov česna, drobno sesekljan
- 2,5 cm svežega juliena ingverja
- 800 g piščančjih prsi brez kosti, narezanih na tanke rezine
- 4 žlice ostrigine omake
- 2 žlici svetle sojine omake
- 1 čajna žlička sezamovega olja
- ½ čajne žličke belega popra
- 2 mladi čebuli, narezani na 0,5 cm debele rezine

NAVODILA:
a) Gobe šitake za 10 minut namočimo v vrelo vodo, dokler se ne zmehčajo. Odcedimo, odstranimo stebla in gobe prerežemo na pol, nato jih prestavimo v skledo in odstavimo.
b) V voku ali veliki ponvi na srednjem ognju segrejte olje. Pražite čili , česen in ingver, dokler ne zadišijo in zlato rjavo zapečejo. Dodajte piščanca, ostrigino omako in sojino omako ter kuhajte 2 minuti, da se piščanec zapre.
c) Dodamo gobe šitake in 100 ml vode ter kuhamo še 3 minute oziroma dokler ni piščanec kuhan. Ugasnite ogenj in potresite s sezamovim oljem, belim poprom in mlado čebulo. Vse dobro premešajte in takoj postrezite.

46.Piščanec v čiliju in paradižnikovi omaki

SESTAVINE:
- ½ žlice mlete kurkume
- Ščepec fine morske soli
- 800 g piščančjih prsi brez kosti, narezanih na velike kose
- 150 ml rastlinskega olja
- 2 šalotki, drobno sesekljani
- 4 stroki česna, drobno sesekljani
- 2,5 cm svežega ingverja, drobno narezanega
- 1 list pandana , zavezan v vozel (ali 1 palčka limonske trave)
- 2 zvezdasti janež
- 5 cm cimetove palčke
- 8 žlic čilijeve paste, že pripravljene v kozarcu ali domače
- 4 žlice paradižnikove mezge
- ½ žlice tamarindove paste (ali limoninega ali limetinega soka)
- ½ žlice belega sladkorja
- 1 čajna žlička fine morske soli
- 2 žlici kokosovega mleka
- 2 paradižnika, narezana na četrtine
- 3 žlice zamrznjenega graha

NAVODILA:
a) Zmešajte kurkumo in sol, nato z njima natrite kose piščanca in pustite 5 minut.
b) V večji ponvi na srednje močnem ognju segrejte olje in piščanca na plitvini pražite 4 minute, da porjavi. Cvremo v dveh ali treh sklopih – ni treba, da je piščanec popolnoma kuhan, saj se bo dušil v omaki. Kose piščanca vzamemo ven in odstavimo.
c) V kozici ponovno segrejte olje in dodajte šalotko, česen in ingver. Ko sestavine zadišijo, dodamo list pandana , zvezdasti janež in cimet ter kuhamo toliko časa, da se sestavine obarvajo zlato rjavo. Dodamo čilijevo pasto, paradižnikovo mezgo, tamarind, sladkor in sol ter kuhamo na srednjem ognju, dokler olje ne izloči.
d) Dodajte piščanca skupaj z 200 ml vode, premešajte in pustite vreti 10 minut, dokler ni piščanec kuhan. Dodajte kokosovo mleko in kuhajte 1 minuto, nato dodajte paradižnik in grah ter pustite kuhati 2 minuti, dokler ne oveni. Postrezite takoj.

47. Malezijski portugalski hudičev curry

SESTAVINE:
- 1 čajna žlička črnih gorčičnih semen
- 1 čajna žlička rjavih gorčičnih semen
- 100 ml belega kisa
- 200 ml rastlinskega olja
- 2 srednje velika krompirja, olupljena in narezana na koščke
- 1 čajna žlička fine morske soli
- 2 žlički rjavega sladkorja
- 1,2 kg piščančjih kosov s kostmi
- 2 žlici svetle sojine omake
- 2 paradižnika, narezana na četrtine
- 4 zelene ali rdeče čilije, narezane pod kotom na 2 cm debele rezine
- 4 vejice koriandra, za okras

ZA ZAČIMBNO PASTO
- 15 posušenih čilijev, namočenih v vreli vodi 10 minut
- 3 šalotke
- 2 stebli limonske trave
- 2,5 cm svežega ingverja
- 2,5 cm svežega galgana (ali ekstra ingverja)
- 5 cm sveže kurkume (ali 2 žlički mlete kurkume)
- ½ srednje velike čebule
- 4 stroki česna

NAVODILA:
a) V skledi za 10 minut v kisu namočite vsa gorčična semena. S kuhalnico ali ročnim mešalnikom stepajte sestavine za pasto, dokler niso gladke, dodajte kanček vode, če postane presuha.

b) Na zmernem ognju segrejte manjšo ponev. Dodamo olje in pražimo krompir, dokler ni zlato rjav in kuhan. Izdolbite z žlico z režami in posušite s kuhinjskim papirjem. Dati na stran.

c) Na zmernem ognju segrejte veliko globoko ponev. Krompirju prilijemo olje, ki je ostalo od cvrtja, dodamo začimbno pasto in pražimo 4 minute, da zadiši in olje izloči. Dodamo sol in sladkor ter kuhamo 1 minuto, nato dodamo piščanca in kuhamo 3 minute, da se zapre. Dodamo gorčična semena s kisom za namakanje, sojino omako in 200 ml vode ter zavremo. Ogenj zmanjšamo na nizko in dušimo 15 minut, dokler ni piščanec kuhan.

d) Dodamo paradižnik, čili in krompir ter kuhamo 2 minuti. Okrasite s koriandrom in postrezite z jasminom ali basmati rižem.

48. Govedina na žaru v kurkumi in kokosovem mleku

SESTAVINE:
- 800 g govejega fileja ali zadka, narezanega na velike kose
- 3 žličke kuminih semen, grobo zmletih
- 1 čajna žlička črnega popra v zrnu, grobo mleta
- 1½ čajne žličke fine morske soli
- 1 žlica rastlinskega olja
- 500 ml kokosovega mleka
- 2 žlici tamarindove paste (ali limoninega ali limetinega soka)
- 1 steblo limonske trave, zdrobljeno
- 500 g maslene buče, narezane na kocke in kuhane 10 minut
- 6 listov kaffir limete, na tanke rezine (ali trakovi lupine 2 limet)
- 1 čajna žlička čilijevih kosmičev, za okras

ZA ZAČIMBNO PASTO
- 10 rdečih čilijev ptičje perspektive
- 2 šalotki
- 3 stroki česna
- 5 cm svežega ingverja
- 5 cm sveže kurkume (ali 2 žlički mlete kurkume)
- 2 stebli limonske trave

NAVODILA:
a) V skledo dajte govedino, kumino, črni poper in sol ter dobro premešajte. Pokrijte s filmom za živila in pustite, da se marinira v hladilniku 30 minut.
b) Sestavine za pasto zmešajte v kuhinjskem robotu ali z ročnim mešalnikom, dokler ne postane gladka.
c) Ponev postavite na močan ogenj, dokler ni vroča in se kadi, nato dodajte olje. Takoj dajte govedino in pecite 2 minuti na vsaki strani, nato ogenj ugasnite in ponev za 5 minut pokrijte z aluminijasto folijo.
d) Večjo globoko ponev segrejte na zmernem ognju.
e) Dodajte kokosovo mleko, tamarindo, limonsko travo, začimbno pasto in 600 ml vode.
f) Zavremo, nato zmanjšamo ogenj, dodamo govedino, masleno bučo in liste kaffir limete ter pustimo vreti 30 minut.
g) Okrasite s čilijevimi kosmiči in postrezite z jasminovim rižem.

49. Jagnjetina v kuminovi in koriandrovi omaki

SESTAVINE:

- 6 žlic rastlinskega olja
- 2 šalotki, drobno sesekljani
- 4 stroki česna, drobno sesekljani
- 2,5 cm svežega ingverja, drobno narezanega
- 4 stroki kardamoma
- 4 nageljnove žbice
- 1 zvezdasti janež
- 5 cm cimetove palčke
- 1 list pandana, zavezan v vozel (ali 2 lovorjeva lista)
- 5 žlic mlete mešanice začimb za meso
- 1 žlica tamarindove paste (ali limoninega ali limetinega soka)
- 1 čajna žlička fine morske soli
- 50 ml kokosovega mleka
- 600 g jagnjetine, narezane na majhne koščke
- 2 vejici mete, nabrani listi

NAVODILA:

a) V ponvi na srednji temperaturi segrejemo olje. Dodajte šalotko, česen, ingver, stroke kardamoma, nageljnove žbice, zvezdasti janež, cimet in list pandana ter kuhajte, dokler ne zadiši. Dodajte zmleto mešanico začimb, skupaj z 200 ml vode, tamarindo, sol in kokosovo mleko ter kuhajte, dokler olje ne izstopi.

b) Dodamo jagnjetino, dobro premešamo, nato prilijemo 100 ml vode in pustimo vreti na majhnem ognju 30 minut, da se meso skuha. Ugasnite ogenj in potresite z metinimi listi. Dokončno premešajte in takoj postrezite.

50. Piščančji Rendang

SESTAVINE:
- 1 cel piščanec, približno 1,5 kg, narezan na 12 kosov
- 400 ml kokosovega mleka
- 1 žlica belega sladkorja
- 1 čajna žlička fine morske soli
- 1 žlica tamarindove paste (ali limoninega ali limetinega soka)
- 2 stebli limonske trave (uporabite samo spodnjo polovico), nabrušeni
- 6 listov kaffir limete, nabrušenih (ali trakovi lupine 2 limet)
- 2 žlici kerisika (pražen kokos)

ZA ZAČIMBNO PASTO
- 20 posušenih čilijev, namočenih v vrelo vodo za 10 minut
- 2,5 cm svežega ingverja
- 5 cm svežega galgana (ali ekstra ingverja)
- 2 stebli limonske trave
- 4 stroki česna
- 2 šalotki
- ½ srednje velike čebule

NAVODILA:
a) Vse sestavine začimbne paste dajte v kuhinjski robot in mešajte do gladkega.

b) Na močnem ognju segrejte vok in dodajte zmešane sestavine, piščanca, kokosovo mleko, sladkor, sol, tamarindo in limonsko travo ter 200 ml vode.

c) Zavremo, nato zmanjšamo temperaturo na srednjo temperaturo in pustimo vreti približno 1 uro, občasno premešamo.

d) Kuhamo toliko časa, da se olje loči in se omaka zgosti.

e) Zdaj dodajte liste limete in kerisik. Premešamo in kuhamo še 5 minut, nato postrežemo z rižem.

51. Sojino piščančje mešanje

SESTAVINE:
- 2 piščančji prsi brez kože, približno 200-250 g vsaka, narezana na trakove
- 1 žlica rastlinskega olja
- 100 g mangetouta
- Za marinado
- 3 stroki česna, sesekljani
- 2,5 cm svežega ingverja, mletega
- 50 ml vode
- 200 ml sladke sojine omake
- 2 žlici ostrigine omake

NAVODILA:
a) V skledi zmešajte sestavine za marinado, nato dodajte piščančje trakove in pustite, da se marinirajo v hladilniku 30 minut.
b) Ponev ali ponev segrejte na zmernem ognju, dokler ni vroče, nato dodajte olje.
c) Mariniranega piščanca kuhajte 3-4 minute, rahlo premešajte, dokler ni piščanec kuhan, dodajte mangetout in morebitne ostanke marinade ter kuhajte 2 minuti, dokler zelenjava rahlo oveni.
d) Izklopite ogenj in prenesite na servirni krožnik. Postrezite z jasminovim rižem.

52.Piščanec z limonsko travo in kokosovo omako

SESTAVINE:

- 800 g piščančjih prsi, narezanih na metulja
- 2 stebli limonske trave (uporabite samo spodnjo polovico), pretlačeni v pire
- 1 čajna žlička mlete kurkume
- 1 čajna žlička fine morske soli
- Za omako
- 4 šalotke, olupljene
- 3 stroki česna
- 2,5 cm svežega ingverja
- 2 stebli limonske trave (uporabite samo spodnjo polovico)
- 3 žlice rastlinskega olja
- 4 žlice čilijeve paste, pripravljene iz kozarca ali domače
- ¼ čajne žličke mlete kurkume
- 1 žlica tamarindove paste (ali limoninega ali limetinega soka)
- ½ čajne žličke fine morske soli
- 200 ml kokosovega mleka

NAVODILA:

a) Piščanca dajte v skledo s pasirano limonsko travo, kurkumo in soljo ter pustite, da se marinira 1 uro.

b) Pripravite ponev za žar ali rešetko in piščanca pecite 4 minute na vsaki strani, dokler ni lepo zoglenel in pečen. Prestavimo na krožnik in pokrijemo z aluminijasto folijo, da ostane toplo.

c) Za pripravo omake v mešalniku stepite šalotko, česen, ingver in limonsko travo. Na srednje močnem ognju segrejte srednje veliko ponev, dodajte olje in pražite pretlačene sestavine, dokler ne zadišijo. Dodajte čilijevo pasto, kurkumo, tamarindo in sol ter kuhajte 2 minuti. Zdaj dodajte kokosovo mleko in zavrite.

d) Pečenega piščanca prelijemo z omako in takoj postrežemo.

53. Ocvrt začinjen piščanec

SESTAVINE:
- 800 g piščančjih beder brez kosti
- 4 žlice rastlinskega olja
- Za marinado
- 30 g svežega ingverja
- 20 g svežega galgana (ali ekstra ingverja)
- 3 stroki česna
- 2 bananini šalotki
- 4 žlice mlete mešanice začimb za meso
- 4 vejice curryjevih listov
- 2 žlički morske soli
- 2 žlici kokosovega mleka
- ½ žlice limetinega soka
- 1 čajna žlička rjavega sladkorja

NAVODILA:
a) Ingver, galangal, česen in šalotko pretlačite v pire ter v skledi zmešajte z vsemi preostalimi sestavinami za marinado. Dodajte koščke piščanca, premešajte, da se prekrijejo, nato pokrijte in pustite za najmanj 1 uro ali čez noč v hladilniku.

b) V večji ponvi ali voku na šibkem ognju segrejemo olje in na njem cvremo piščanca približno 6 minut na vsaki strani. Postrezite takoj.

54. Cvrtje z govedino in ingverjem

SESTAVINE:

- 800 g govejega vrha, narezanega na 2 cm debele rezine
- 2 žlici rastlinskega olja
- 1 rdeč čili , narezan na tanke rezine
- 3 stroki česna, drobno sesekljani
- 5 cm svežega ingverja, olupljenega in na tanke rezine
- ½ čajne žličke mlete kurkume
- 1 srednja čebula, narezana na tanke rezine
- 2 mladi čebuli, narezani na 1 cm debele rezine
- Za marinado
- 4 žlice ostrigine omake
- 1 čajna žlička sezamovega olja
- 3 žlice svetle sojine omake
- ½ žlice grobo mletega črnega popra
- 5 cm svežega ingverja, zelo drobno narezanega

NAVODILA:

a) V skledi zmešamo sestavine za marinado, dodamo koščke govedine in pustimo marinirati na sobni temperaturi 30 minut.

b) Segrejte vok ali veliko globoko ponev, da se segreje in dodajte olje. Pražite čili , česen in ingver, dokler ne zadišijo in zlato rjavo zapečejo. Dodajte marinirano govedino in kurkumo ter neprestano mešajte 5 minut, dokler se govedina ne zapre.

c) Dodamo čebulo in mlado čebulo ter med mešanjem pražimo še minuto. Preložite na krožnik in takoj postrezite.

ZELENJAVA

55.Mangova solata

SESTAVINE:
- 700–800 g nezrelih (čvrstih in zelenih, ne mehkih in sočnih) mangov, olupljenih in očiščenih z julienom
- 2 paradižnika, očiščena pečk in narezana na tanke rezine
- ½ šalotke, na tanke rezine
- 2 žlici limetinega soka
- ½ čajne žličke fine morske soli
- 1 čajna žlička grobo mletega črnega popra
- 2 rdeča čilija , očiščena semena in pretlačena do finega
- 4 žlice zdrobljenih arašidov
- 8 vejic svežega koriandra, nabranih listov
- Neobvezne sestavine
- 4 žlice posušenih kozic, namočenih v topli vodi 10 minut
- 1 žlica ribje omake

NAVODILA:

a) Mango, paradižnik, šalotko, limetin sok, morsko sol, posušene kozice in ribjo omako (če uporabljate) dajte v skledo in nežno, a temeljito premešajte s prsti ali dvema lesenima žlicama.

b) Prenesite na servirni krožnik ali skledo in potresite s črnim poprom, čilijem , zdrobljenimi arašidi in koriandrom. Postrezite takoj.

56. Malezijska solata z zeliščnim rižem in lososom

SESTAVINE:
- 400 gramov svežega lososa
- 2 žlici Sojina omaka
- 2 žlici Mirin
- 6 skodelic Kuhan jasminov riž
- ½ skodelice Opečen; nastrgan kokos
- 1 5 cm kos kurkume; olupljen
- 1 5 cm kos galangala; olupljen
- 3 žlice Ribja omaka
- 2 majhna Rdeči čili; posejana in zmleta
- 8 Listi kafirske limete
- ½ skodelice tajska bazilika
- ½ skodelice Vietnamska kovnica
- Ekstra popečen kokos za postrežbo.
- 1 Zrel avokado; olupljen
- 1 Rdeči čili; mleto
- 2 Stroki česna; mleto
- ¾ skodelice Olivno olje; (svetloba)
- ⅓ skodelice Sok limete
- ¼ skodelice Limonin sok
- ½ skodelice Listi tajske bazilike
- 10 Vejice koriandrovih listov in stebla

NAVODILA:
a) Ribarnica naj lososu odstrani kožo in ga nato položi v plitvo stekleno posodo. Zmešajte sojo in mirin ter prelijte čez ribe in marinirajte 30 minut. Segrejte ponev ali žar, nato pa ribo pecite, dokler ne zlato porjavi zunaj in ravnokar pečeno v notranjosti, približno 3 minute na vsaki strani. Kul.
b) Liste kurkume, galangala, čilija in kafirske limete na drobno narežite v julien in zmešajte s kuhanim rižem. Dodamo popečen kokos, baziliko in meto ter zmešamo z ribjo omako. Dati na stran.
c) Naredite preliv. Vse sestavine v kuhinjskem robotu pretlačite do gostega pireja, nato pa preliv premešajte skozi riž, dokler se riž ne obarva bledo zeleno.
d) Kuhano ribo narežite na kosmiče in dodajte k rižu ter zelo nežno premešajte, da se porazdeli.
e) Solato sobne temperature postrežemo okrašeno s popečenim kokosom.

57. Solata iz stročjega fižola

SESTAVINE:
- 400 g finega stročjega fižola, narezanega na 4 cm dolge kose
- 10 češnjevih paradižnikov, razpolovljenih
- 50 g praženih arašidov, zdrobljenih
- 2 vejici tajske bazilike, nabrani listi (ali navadna bazilika)

ZA PRELIV:
- 1 rdeč čili, očiščen in grobo zdrobljen
- 3 stroki česna, grobo strti
- 2 žlici posušenih kozic, namočenih v topli vodi 10 minut (neobvezno)
- 1 žlica palmovega ali rjavega sladkorja
- 1 žlica limetinega soka
- 1 žlica ribje omake

NAVODILA:

a) V srednje veliki kozici zavrite 500 ml vode in fižol blanširajte 15 sekund, dokler rahlo ne oveni. Takoj jih prestavimo v ledeno mrzlo vodo in pustimo, da se namakajo minuto. Odcedimo in damo v skledo.

b) Fižolu dodajte paradižnik in vse sestavine za preliv ter nežno, a temeljito premešajte. Prestavite na servirni krožnik in potresite z arašidi in lističi bazilike. Postrezite takoj.

58.Solata z vodno krešo

SESTAVINE:
- 2 šopka vodne kreše ali peničnika, približno 300 g
- ½ srednje velike čebule
- 2,5 cm svežega ingverja
- 1 rdeč čili , očiščen semen
- 2 žlici kerisika (pražen kokos)
- ½ žlice limetinega soka
- Fina morska sol, po okusu
- ½ čajne žličke belega sladkorja

NAVODILA:
a) Pennywortu odstranite korenine, stebla pa obdržite. Če želite očistiti pennywort, ga namočite v posodo s hladno vodo za 5 minut.

b) Odstranite iz vode in jo malo pretresite, nato pa jo 30 sekund držite pod hladno tekočo vodo, da odstranite morebitno preostalo zemljo.

c) Čebulo, ingver in čili pretlačite v možnarju, dokler niso drobni, nato pa jih dajte v skledo. Dodajte penivnik, kerisik , limetin sok, sol in sladkor ter dobro premešajte. Postrezite takoj.

59.Nyonya solata z rezanci z vermicelli

SESTAVINE:
- 2 žlici rastlinskega olja
- 150 g riževih vermicelli rezancev
- 200 g surovih kraljevih kozic, olupljenih
- 6 kosov že pripravljenega ocvrtega gobastega tofuja, vsakega razrezanega na 4
- 100 g fižolovih kalčkov, blanširanih v vreli vodi 10 sekund
- 1 žlica pireja iz cvetov ingverja (ali 2,5 cm svežega galgana ali ingverja, olupljenega in pretlačenega)
- 1 žlica rjavega sladkorja
- 1 čajna žlička fine morske soli
- 2 žlici limetinega soka
- 3 žlice že pripravljene popražene šalotke
- 10 vejic svežega koriandra, nabranih in grobo narezanih listov
- 6 listov kaffir limete, na tanke rezine (ali trakovi lupine 2 limet)

ZA PASTO:
- 2 šalotki
- 3 stroki česna
- 2,5 cm svežega ingverja
- 2 stebli limonske trave (uporabite samo spodnjo polovico)
- 2 rdeča čilija brez peČk
- 1 čajna žlička paste iz kozic, suho opečenih (ali 2 žlici ribje omake)
- 10 g posušenih kozic, namočenih v topli vodi 10 minut (po želji)

NAVODILA:

a) Sestavine za pasto zmešajte v kuhinjskem robotu ali s paličnim mešalnikom do gladkega. Manjšo ponev segrejte na zmernem ognju, nato dodajte olje in pasto pražite 2 minuti, dokler ne zadiši. Prelijte v manjšo skledo in pustite, da se popolnoma ohladi.

b) zavrite 1,5 litra vode, ugasnite ogenj in rezance blanširajte 2 minuti, dokler niso mehki. Odcedite, nato sperite pod hladno vodo in odstavite.

c) Ponev ponovno postavite na srednji ogenj in dodajte 500 ml vode. Zavremo, nato kozice blanširamo toliko časa, da postanejo rožnate in kuhane. Izvlecite jih z žlico z režami in jih za 1 minuto potopite v skledo z ledeno mrzlo vodo. Odstranite in postavite na stran.

d) V servirno skledo dajte rezance, kozice, tofu, fižolove kalčke, pire iz ingverjevih cvetov, sladkor, sol in limetin sok ter premešajte, da se vse sestavine dobro prekrijejo.

e) Dodajte šalotko, koriander in liste kaffir limete, nato pa solato še zadnjič nežno premešajte in takoj postrezite.

60.solata z zeliščnim rižem in lososom

SESTAVINE:
- 400 gramov Sveži losos
- 2 žlici sojino omako in 2 žlici Mirin
- 6 skodelic Kuhan jasminov riž
- Listi kafirske limete
- ½ skodelice Opečen; nastrgan kokos
- Kurkuma/ galangal; olupljen
- 3 žlice Ribja omaka

OBLAČENJE
- 2 manjša rdeča čilija; posejana in zmleta
- ½ skodelice tajska bazilika
- ½ skodelice Vietnamska kovnica
- 1 zrel avokado; olupljen
- 1 rdeči čili ; mleto
- 2 stroka česna; mleto
- ⅓ skodelice Sok limete

NAVODILA:

a) Zmešajte sojo in mirin ter prelijte čez ribe in marinirajte 30 minut. Segrejte ponev ali žar in pecite ribe do zlate barve .

b) Julienne kurkumo , galangal, čili in liste kaffir limete in zmešajte s kuhanim rižem. Dodamo popečen kokos, baziliko in meto ter zmešamo z ribjo omako. Dati na stran.

c) Pretlačite vse sestavine preliva v pire , nato preliv premešajte skozi riž, dokler riž ne postane bledo zelene barve . Kuhano ribo nakosmičimo in dodamo k rižu .

61. Malajski zelenjavni Dhal Curry

SESTAVINE:
- 300 g leče, namočene v vodi najmanj 4 ure ali čez noč
- 1 list pandana, zavezan v vozel (ali 2 lovorjeva lista)
- 1½ žlice že pripravljene mlete začimbne mešanice za meso
- ½ čajne žličke mlete kurkume
- 150 ml kokosovega mleka
- 2 žlici tamarindove paste (ali limoninega ali limetinega soka)
- 5 cm cimetove palčke
- 2 zvezdasti janež
- 1 čajna žlička fine morske soli
- 1 srednje velik krompir, olupljen in narezan na majhne koščke
- 1 korenček, narezan na 4 cm dolge tanke kolesca
- 150 g jajčevcev, narezanih na majhne koščke
- 1 majhen zeleni mango, narezan na majhne koščke
- 2 zelena čilija, brez pečk in razrezana po dolžini
- 100 g finega stročjega fižola, narezanega na 2,5 cm velike kose

ZA OKRAS:
- 3 žlice rastlinskega olja
- ½ srednje velike rdeče čebule, narezane na kolobarje
- 3 posušeni čiliji
- 2 vejici curryjevih listov (ali 3 lovorjevi listi)

NAVODILA:
a) V srednji ponvi zavrite 1 liter vode. Dodamo odcejeno lečo in pandan vozel ter kuhamo 15 minut, dokler ni leča mehka in rahlo kašasta. Dodamo zmleto mešanico začimb, kurkumo, kokosovo mleko, tamarindo, cimet, zvezdasti janež in sol. Kuhajte 5 minut na zmernem ognju, nato dodajte krompir, korenček, jajčevce, mango, čili in fižol.

b) Kuhajte 5–10 minut, dokler se krompir in jajčevci ne zmehčata. Če se omaka začne sušiti, dodajte še vodo. Po potrebi začinite s soljo, nato ugasnite ogenj in prenesite curry v skledo.

c) V srednji ponvi segrejte olje za okras. Dodajte vse sestavine za okras naenkrat in pražite 2 minuti, da čebula zlato zapeče.

d) Sestavine vzemite ven z žlico z režami in jih potresite po kariju. Postrezite takoj.

62. Buča v kurkumi in kokosovem mleku

SESTAVINE:
- 500 g buče, olupljene in narezane na 4 cm velike kose
- 3 stroki česna, pretlačeni v pasto
- 2,5 cm sveže kurkume, pretlačene v pasto (ali 1 čajna žlička mlete kurkume)
- 1 srednje velika rdeča čebula, narezana na 8 rezin
- 1 čajna žlička fine morske soli
- 300 ml kokosovega mleka
- 4 listi kaffir limete, narezani na tanke rezine (ali trakovi lupine 2 limet)

NAVODILA:

a) V srednje veliki ponvi kuhajte bučo v 500 ml vode 8–10 minut, dokler ni kuhana, nato jo odcedite.

b) Bučo dajte v srednje veliko ponev s 500 ml vode in vsemi ostalimi sestavinami, razen listov limete. Na zmernem ognju zavremo, nato ogenj zmanjšamo in med enkratnim ali dvakratnim mešanjem pustimo vreti 5 minut.

c) Dodamo liste limete in kuhamo še minuto, nato postrežemo.

63. Cvetača in brokoli

SESTAVINE:
- 1 čajna žlička mlete kurkume
- 3 žlice svetle sojine omake
- 1 žlica rastlinskega olja
- 2 stroka česna, drobno sesekljana
- 150 g cvetače, narezane na majhne koščke
- 150 g brokolija, narezanega na majhne koščke
- 100 g korenja, prerezanega po dolžini in diagonalno narezanega na 0,5 cm debele rezine
- ½ čajne žličke čilijevih kosmičev

NAVODILA:

a) Kurkumo in sojino omako dajte v majhno skledo in premešajte s 50 ml vode.

b) Na močnem ognju segrejte vok ali večjo ponev. Dodamo olje in prepražimo česen do zlato rjave barve, nato dodamo cvetačo, brokoli in korenje. Kuhajte 1 minuto, nato dodajte mešanico kurkume in soje.

c) Pražimo 2 minuti, enkrat ali dvakrat premešamo, nato preložimo na servirni krožnik in po vrhu potresemo čilijeve kosmiče. Postrezite takoj.

64. Dušen Pak Choy

SESTAVINE:
- 300 g pak choya
- 2 stroka česna, drobno sesekljana
- 1 rdeč čili , narezan na tanke rezine
- 2 žlici gobove ali ostrigine omake
- 1 čajna žlička sezamovega olja

NAVODILA:
a) Pak choy narežite na posamezna stebla in temeljito operite.
b) Liste položite na krožnik ali pladenj, ki bo ustrezal vašemu soparniku. Po vrhu potresemo česen in čili ter dušimo 5 minut, dokler pak choy ne oveni.
c) Vzamemo iz soparnika in potresemo z gobovo ali ostrigovo omako in sezamovim oljem. Postrezite takoj.

65.Ocvrta okra

SESTAVINE:
- 2 žlici rastlinskega olja in ½ čajne žličke za umešano jajce
- 1 rdeč čili , diagonalno narezan na 0,5 cm debele rezine
- 1 šalotka, narezana na 0,5 cm velike kolobarje
- 2 stroka česna, narezana na tanke rezine
- 300 g bamije, odrežite oba konca in diagonalno prepolovite
- 1 žlica tamarindove paste (ali limoninega ali limetinega soka)
- 2 žlici svetle sojine omake
- 1 jajce

NAVODILA:
a) Segrejte vok ali večjo ponev. Dodajte 2 žlici olja in pražite čili 10 sekund, da se olje prepoji.
b) Dodajte šalotko in česen ter pražite do zlato rjave barve, nato dodajte okra, tamarind in sojino omako ter pražite 2 minuti, dokler okra ne začne veneti.
c) Z rezino ribe ali leseno žlico potisnite vse skupaj na eno stran voka ali ponve in na očiščeno mesto pokapajte ½ čajne žličke olja. Razbijte jajce in pustite, da se premeša, nato zmešajte jajce in bamijo ter pražite nadaljnjih 30 sekund.
d) Izdolbemo na krožnik in postrežemo.

66.Špinača

SESTAVINE:

- 400 g špinače
- 1 žlica rastlinskega olja
- ½ rdečega čilija , narezanega na tanke rezine
- 3 stroki česna, drobno sesekljani
- ½ srednje velike čebule, narezane na tanke rezine
- 2 žlici svetle sojine omake

NAVODILA:

a) Špinačnim steblom porežemo spodnji del in liste dobro operemo.

b) V voku ali veliki ponvi na močnem ognju segrejte olje. Čili pražimo približno 10 sekund, nato dodamo česen in čebulo ter pražimo do zlato rjave barve. Dodamo špinačo in sojino omako ter pokrijemo s pokrovko za 2 minuti, da se špinača enakomerno oveni, nato odstranimo pokrov in vse skupaj dobro premešamo.

c) Prestavimo v skledo in postrežemo.

67. Jajca v čiliju Sambal

SESTAVINE:
- 6 žlic rastlinskega olja
- 4 šalotke, 2 narežemo na 0,5 m dolge kolobarje, druge pustimo cele
- 3 stroki česna
- 2,5 cm svežega ingverja
- 6 žlic čilijeve paste, pripravljene iz kozarca ali domače
- 2 žlici tamarindove paste (ali limoninega ali limetinega soka)
- 1 žlica rjavega sladkorja
- ½ čajne žličke fine morske soli
- ½ čajne žličke paste iz kozic, suho opečene (ali 2 žlici ribje omake)
- 4 jajca
- 1 velika čebula, narezana na tanke kolobarje
- 4 vejice svežega koriandra, nabranih listov
- ½ čajne žličke čilijevih kosmičev

NAVODILA:
a) V ponvi na zmernem ognju segrejemo olje, na katerem zlato rjavo prepražimo kolobarje šalotke. Izdolbite z žlico z režami in potapkajte s kuhinjskim papirjem. Dati na stran.

b) S paličnim mešalnikom pretlačite česen, ingver in preostalo šalotko s kančkom vode do gladkega. V ponvi na zmernem ognju segrejemo ostanke olja in pražimo pireje, da zadišijo in zlato rjavo zapečejo.

c) Dodamo čilijevo pasto in dušimo na majhnem ognju, dokler olje ne izstopi, nato dodamo tamarind, sladkor, sol in pasto iz kozic ter kuhamo, dokler se olje ponovno ne izloči. Dodajte 300 ml vode, zavrite in nato zmanjšajte ogenj na nizko.

d) V omako razbijemo jajca in kuhamo 3–4 minute. Jed je pripravljena, ko so jajca kuhana v omaki in beljaki čvrsti. Če želite, da so rumenjaki popolnoma kuhani, jih pustite vreti na majhnem ognju še 3-4 minute.

e) Okrasite z ocvrto šalotko, koriandrom in čilijevimi kosmiči ter postrezite.

RIŽ IN REZANCI

68.Bel riž

SESTAVINE:
- 500 g riža
- 2 lista pandana, povezana v vozle (ali 3 lovorjev listi) (neobvezno)

NAVODILA:
a) Riž damo v skledo, prelijemo s hladno vodo in pustimo namakati 20 minut.
b) Odcedimo, nato damo riž in pandan vozle v globoko ponev z 1,2 litra vode. Postavimo na srednji ogenj in zavremo, nato zmanjšamo ogenj in kuhamo 8 minut, enkrat ali dvakrat premešamo.
c) Ugasnite ogenj, pokrijte s filmom za živila ali aluminijasto folijo, da ujamete paro, in pustite 15 minut. Odstranite pandan vozle in takoj postrezite.

69. Paradižnikov riž

SESTAVINE:
- 250 g gheeja (ali masla)
- 50 g rozin
- 25 g mandljevih lističev
- 1 srednja čebula, narezana na kocke
- 4 stroki česna, drobno sesekljani
- 2,5 cm svežega ingverja, drobno narezanega
- 5 cm cimetove palčke
- 4 stroki kardamoma
- 4 nageljnove žbice
- 1 zvezdasti janež
- 2 lista pandana, zavezana v vozel (ali 2 lovorjeva lista)
- 1 žlica paradižnikove mezge
- 400 ml konzervirane paradižnikove juhe
- 100 ml evaporiranega mleka
- 500 g basmati riža, opranega in namočenega v hladni vodi 20 minut
- 1½ čajne žličke fine morske soli
- 1 žlica rožne vode
- 4 vejice mete, nabrani listi

NAVODILA:
a) Na zmernem ognju segrejte veliko globoko ponev. Dodajte ghee in 20 sekund pražite rozine in mandljeve lističe, nato jih izdolbite z žlico z režami in jih dajte v skledo.
b) Gheeju, ki je ostal v ponvi, dodamo čebulo in pražimo do zlato rjave barve, nato dodamo česen, ingver, cimet, kardamom, nageljnove žbice, zvezdasti janež in pandan vozle ter pražimo 1 minuto, dokler ne zadiši.
c) Zdaj dodajte paradižnikovo mezgo, paradižnikovo juho in evaporirano mleko. Zavremo in dodamo riž, sol in rožno vodo. Temeljito premešajte, nato dodajte 900 ml vode.
d) Ponovno zavrite, nato pa ogenj zmanjšajte na nizko.
e) Pokrijte s pokrovko in kuhajte 8 minut, enkrat ali dvakrat premešajte.
f) Ugasnite ogenj, ponev pokrijte z aluminijasto folijo in pustite 15 minut.
g) Čez potresemo liste mete, rozine in mandljeve lističe ter dobro premešamo, nato prestavimo na krožnik in takoj postrežemo.

70. Penang v voku ocvrti ploščati rezanci s kozicami

SESTAVINE:
- 200 g posušenih ravnih riževih rezancev, širokih 8 ali 10 mm
- 2 žlici rastlinskega olja, plus dodatek za umešano jajce
- 3 stroki česna, drobno sesekljani
- 10 surovih kraljevih kozic, olupljenih
- 10 svežnje školjk, odstranjene lupine (tradicionalno, a neobvezno)
- 2 žlici čilijeve paste, pripravljene iz kozarca ali domače
- 3 žlice svetle sojine omake
- 3 žlice sladke sojine omake
- 1 jajce
- 125 g fižolovih kalčkov
- 50 g krav choi (česen ali kitajski drobnjak) ali mlada čebula
- ½ čajne žličke sezamovega olja
- Ščepec mletega belega popra

NAVODILA:
a) V srednje veliki ponvi zavrite veliko vode in ugasnite ogenj. Rezance blanširajte 8 minut brez pokrova, jih odcedite in prelijte s hladno vodo, nato jih ponovno odcedite in odstavite.
b) Na močnem ognju segrejte vok ali veliko ponev in dodajte 2 žlici olja. Česen dušite približno 5 sekund, nato dodajte kozice in školjke. Kuhajte, dokler kozice ne porjavijo. Dodamo čilijevo pasto in pražimo 30 sekund, nato dodamo rezance in dve sojini omaki. Pražimo 2 minuti, da rezanci vpijejo omako.
c) Rezance potisnite na eno stran voka in jih pokapajte še z malo olja. Razbijte jajce in pustite, da se umeša, nato pa vmešajte v rezance. Dodamo fižolove kalčke in drobnjak ter kuhamo 1 minuto, nato ugasnemo ogenj, pokapljamo s sezamovim oljem, vse dobro premešamo in prestavimo na krožnik ali plitvo skledo.
d) Potresemo s poprom in takoj postrežemo.

71.Kozica Curry Laksa

SESTAVINE:
- 150 g vermicelli rezancev
- ½ čajne žličke mlete kurkume
- 6 žlic rastlinskega olja
- 12 surovih kraljevih kozic, olupljenih
- 1½ čajne žličke fine morske soli
- 1 čajna žlička belega sladkorja
- 100 ml kokosovega mleka
- 100 g špinače, narezane na 10 cm dolge trakove
- 6 kosov že pripravljenega ocvrtega gobastega tofuja, vsakega razrezanega na 4
- 100 g fižolovih kalčkov
- Sok 1 limete

ZA ZAČIMBNO PASTO
- 8 posušenih čilijev, namočenih v vreli vodi 10 minut
- 3 šalotke
- 4 stroki česna
- 2,5 cm svežega ingverja
- 2 stebli limonske trave (uporabite samo spodnjo polovico)
- ½ čajne žličke paste iz kozic, suho opečene (ali ribje omake)

ZA ZMLETO ZAČIMBNO MEŠANICO
- 1 žlica koriandrovih semen
- 1 čajna žlička kuminovih semen
- 1 zvezdasti janež
- 1 cimetova palčka
- ½ čajne žličke črnega popra v zrnu
- 2 stroka zelenega kardamoma

NAVODILA:

a) Pasirajte vse sestavine paste v kuhinjskem robotu do gladkega.
b) Rezance vermicelli dajte v posodo in dodajte 1 liter vrele vode. Blanširajte 2 minuti, nato odcedite. Rezance za 3 minute prestavite v skledo z ledeno mrzlo vodo, nato jih ponovno odcedite in postavite na stran.
c) V ponvi na suhem pražimo sestavine začimbne mešanice na srednji temperaturi 30 sekund, nato jih prestavimo v mlinček za začimbe in zmeljemo do finega.
d) V skledi dobro premešamo zmešano začimbno pasto, zmleto začimbno mešanico in mleto kurkumo.
e) Na zmernem ognju segrejte ponev. Dodajte olje in mešanico začimbne paste pražite 2 minuti, dokler ne zadiši. Dodamo kozice in jih kuhamo 2 minuti, dokler ne porjavijo in so kuhane. Dodajte sol, sladkor in kokosovo mleko, skupaj s 750 ml vode in zavrite.
f) Zmanjšajte ogenj na nizko in dodajte špinačo, tofu, fižolove kalčke, odcejene rezance in limetin sok. Kuhamo 2 minuti, nato prestavimo v skledo in postrežemo.

72. Penang juha z rezanci z ribjo osnovo

SESTAVINE:
- 600 g fileja skuše
- 4 vejice vietnamskega koriandra (ali bazilike), listi potrgani s stebla
- 4 čajne žličke pireja iz ingverjevih cvetov (ali pireja iz limonske trave)
- 4 žlice tamarindove paste (ali limoninega ali limetinega soka)
- 1½ čajne žličke fine morske soli
- 1 čajna žlička belega sladkorja
- riževih rezancev udon, pripravljenih za uživanje

ZA ZAČIMBNO PASTO
- 3 šalotke
- 2 stebli limonske trave (uporabite samo spodnjo polovico)
- 2,5 cm svežega galgana (ali ingverja)
- 8 posušenih čilijev, namočenih v vreli vodi 10 minut
- 1 čajna žlička paste iz kozic, suho opečenih (ali 2 žlici ribje omake)

ZA OKRAS:
- 100 g ananasa, narezanega na tanke rezine
- ½ kumare, juliena
- 1 srednje velika rdeča čebula, narezana na tanke kolobarje
- 2 rdeča čilija, očiščena in na tanke rezine narezana
- 4 vejice mete, nabrane in grobo narezane liste
- 2 vejici vietnamskega koriandra (ali bazilike), nabranih in grobo narezanih listov

NAVODILA:
a) Sestavine začimbne paste zmešajte v kuhinjskem robotu ali s paličnim mešalnikom, dokler niso fine, in jih odstavite.

b) Ribe damo v ponev z 1,8 litra vode in zavremo. Ribo zajemite v skledo z žlico z režami in z vilicami razdrobite meso na manjše koščke in odstranite morebitne preostale kosti. Hranite ribjo zalogo.

c) V osnovo dodajte začimbno pasto, vietnamski koriander, pire iz ingverjevih cvetov, tamarindo, sol, sladkor in koščke ribe. Zavremo, nato zmanjšamo ogenj in pustimo vreti 20 minut.

d) Medtem rezance blanširajte v vreli vodi 1 minuto, nato jih odcedite in odstavite.

e) Za serviranje dajte rezance v majhne sklede in jih prelijte z juho. Okrasite z ananasom, kumaro, čebulo, čilijem, meto in listi vietnamskega koriandra ter takoj postrezite.

73.Ocvrti riževi vermicelli rezanci

SESTAVINE:
- 1 x 375 g zavojček riževih vermicelli rezancev
- 2 žlici rastlinskega olja
- 5 strokov česna, drobno sesekljan
- 4 žlice čilijeve paste, pripravljene iz kozarca ali domače
- 2 žlici sladke sojine omake
- 4 žlice svetle sojine omake
- 200 g špinače, narezane na 10 cm dolge trakove
- 200 g fižolovih kalčkov
- 2 mladi čebuli, diagonalno narezani na 2 cm velike kose

NAVODILA:

a) zavrite 3 litre vode, nato ugasnite ogenj in rezance vermicelli blanširajte 2 minuti. Odcedimo, rezance za 3 minute prestavimo v skledo z ledeno mrzlo vodo, nato ponovno odcedimo in postavimo na stran.

b) V voku ali večji ponvi na močnem ognju segrejemo olje in na njem prepražimo česen, da zlato zarumeni. Dodamo čilijevo pasto in pražimo 1 minuto, nato dodamo rezance in obe sojini omaki ter pražimo 2 minuti, dokler se dobro ne povežeta. Dodamo špinačo in fižolove kalčke ter pražimo 1 minuto oziroma dokler zelenjava ne oveni.

c) Dodamo mlado čebulo in še enkrat premešamo, nato prestavimo na velik krožnik in takoj postrežemo.

74. Kokosov riž

SESTAVINE:
- 500 g basmati riža, opranega in namočenega v vodi 20 minut
- 2,5 cm svežega juliena ingverja
- 2 stroka kardamoma
- 5 cm cimetove palčke
- 1 zvezdasti janež
- 2 lista pandana (ali lovorjev list) (neobvezno)
- 1 steblo limonske trave, zdrobljeno
- 250 ml kokosovega mleka
- 1½ čajne žličke fine morske soli
- Za začimbe
- Čili sambal
- 100 g posušenih inčunov, hrustljavo prepraženih v 100 ml rastlinskega olja
- 300 g kumare, olupljene in narezane na 1 cm debele rezine
- 150 g arašidov, suho praženih in poškropljenih z ½ žlice rastlinskega olja
- 4 trdo kuhana jajca

NAVODILA:

a) Vse sestavine, razen začimb, dajte v veliko globoko ponev z 1,1 litra vode in premešajte, da se dobro premešajo.

b) Na zmernem ognju zavremo, nato pokrijemo s pokrovko in med enkratnim ali dvakratnim mešanjem pustimo vreti 8 minut. Ugasnite ogenj, ponev pokrijte z aluminijasto folijo in pustite 15 minut.

c) Prenesite v skledo in postrezite s sambalom in drugimi začimbami.

75. Dušen lepljivi riž s kurkumo

SESTAVINE:
- 600 g lepljivega riža
- 2 žlici mlete kurkume
- 1 čajna žlička črnega popra v zrnu
- 2 lista pandana , vsak zavezan v vozel (ali 2 lovorjeva lista)
- 300 ml kokosovega mleka
- 1½ čajne žličke fine morske soli

NAVODILA:
a) Lepljivi riž dajte v skledo in dodajte vodo, da je 5 cm nad nivojem riža. Dodajte kurkumo in poprova zrna ter dobro premešajte, da se dobro premeša. Skledo pokrijte in pustite, da se riž namaka vsaj 4 ure – po želji lahko pustite tudi čez noč.
b) Nastavite soparnik ali postavite rešetko v vok ali globoko ponev s pokrovom. Zalijemo s 5 cm vode in na močnem ognju zavremo.
c) Riž odcedimo in prestavimo v okrogel pladenj ali model za torte, ki se prilega notranjosti soparnika. Dodajte pandan vozle in kuhajte na pari 30 minut, nato prenesite v skledo, odstranite pandan vozle in dodajte kokosovo mleko in sol.
d) Temeljito premešamo, nato pa riž vrnemo v pladenj ali model in dušimo še 15 minut. Ponovno odstranite iz soparnika in dobro premešajte.
e) Prelijte v skledo in postrezite s preprostim malajskim piščančjim curryjem, govejim rendangom ali aromatičnim in bogatim suhim curryjem iz jagnjetine.

76. Aromatični goveji riž

SESTAVINE:
- 400 g govejega vrha, narezanega na kose
- 2 žlički fine morske soli
- 150 g gheeja (ali masla)
- 50 g rozin
- 25 g indijskih oreščkov
- 1 velika čebula, narezana na kocke
- 5 cm cimetove palčke
- 4 zeleni stroki kardamoma
- 4 nageljnove žbice
- 1 zvezdasti janež
- 2 lista pandana, zavezana v vozel (ali 4 lovorjevi listi)
- 5 žlic mlete začimbne mešanice za aromatičen goveji riž in bogat jagnječji curry, zmešane s kančkom vode
- 500 g basmati riža, opranega in namočenega v hladni vodi 20 minut, nato odcejenega
- 100 ml evaporiranega mleka
- 4 vejice mete, nabrani listi

NAVODILA:
a) Večjo globoko ponev segrejte na zmernem ognju in dodajte 1,3 litra vode. Dodajte goveje meso in sol ter zavrite, nato zmanjšajte ogenj in pustite vreti 30 minut. Izklopite toploto. Z žlico z režami zajemajte kose govejega mesa v skledo in jih odložite.
b) Prenesite juho v drugo posodo. Potrebovali boste 1,2 litra.
c) Na srednje močnem ognju segrejte drugo večjo globoko ponev. Dodajte ghee in 30 sekund pražite rozine in indijske oreščke, nato jih odstranite z žlico z režami in dajte v majhno skledo.
d) Gheeju, ki je ostal v ponvi, dodajte čebulo in jo pražite do zlato rjave barve, nato dodajte cimet, kardamom, nageljnove žbice, zvezdasti janež in pandan vozle ter pražite 1 minuto, dokler ne zadiši.
e) V ponev dodamo zmleto začimbno mešanico, nato dodamo goveje meso in kuhamo 2 minuti. Dodamo riž in evaporirano mleko, dobro premešamo, da se riž prekrije z začimbami, nato dodamo 1,2 l jušne osnove. Zavremo, nato zmanjšamo ogenj na nizko, pokrijemo s pokrovko in med enkratnim ali dvakratnim mešanjem kuhamo 8 minut. Ugasnite ogenj, ponev pokrijte z aluminijasto folijo in pustite 15 minut.
f) Potresite čez metine liste, rozine in indijske oreščke ter dobro premešajte. Prenesite v skledo in takoj postrezite s tamarindovo omako.

77. Zeliščni riž

SESTAVINE:

- 3 žlice rastlinskega olja
- 2 šalotki, narezani na tanke rezine
- 1100 g kuhanega basmati ali dolgozrnatega riža
- 1 čajna žlička grobo mletega črnega popra
- 1 čajna žlička mletega belega popra
- 80 g soljene ribe, rahlo popražene na malo olja, nato ohlajene in pretlačene s pestilom in možnarjem
- 5 žlic kerisika (pražen kokos)
- 2 žlički fine morske soli
- Za zelišča
- 2 žlici pireja iz ingverjevih cvetov (ali pireja iz limonske trave)
- 4 žlice drobno sesekljanih listov sveže mete
- 4 žlice drobno sesekljanega svežega koriandra
- 6 žlic drobno sesekljane vodne kreše (ali penijevke)
- 4 žlice drobno sesekljane limonske trave (uporabite samo spodnjo polovico)
- 4 žlice drobno sesekljanih listov vietnamskega koriandra (ali mete ali bazilike)
- 2 žlici drobno sesekljanih listov kaffir limete (ali limetine lupinice)
- 4 žlice drobno sesekljanih listov tajske bazilike (ali navadne bazilike)
- 2,5 cm svežega ingverja, drobno narezanega

NAVODILA:

a) Na srednjem ognju segrejte srednjo ponev, nato dodajte olje in prepražite šalotko, da postane hrustljava in zlato rjava. Izdolbite z žlico z režami in popivnajte s kuhinjskim papirjem, da odstranite odvečno olje.

b) V večjo skledo damo kuhan riž, črni in beli poper ter soljene ribe in dobro premešamo (priporočam, da z rokami). Dodajte kerisik , sol in vsa zelišča ter dobro premešajte.

c) Okrasite z ocvrto šalotko in takoj postrezite.

78. Zelenjavni jajčni pečen riž

SESTAVINE:
- 2 žlici rastlinskega olja, plus dodatek za umešano jajce
- 3 stroki česna, drobno sesekljani
- 2,5 cm svežega ingverja, drobno narezanega
- 150 g pak choya, narezanega na 2,5 cm široke trakove
- 150 g mešane zelenjave (zeleni grah, sladka koruza in korenje)
- 1 jajce
- 400 g kuhanega basmati riža ali dolgozrnatega riža
- 1 žlica gobove omake ali vegetarijanske omake iz ostrig
- 3 žlice svetle sojine omake
- ½ čajne žličke mletega belega popra
- 1 čajna žlička sezamovega olja
- 1 mlada čebula, narezana na 0,5 cm debele rezine

NAVODILA:

a) Na močnem ognju segrejte vok ali večjo ponev. Dodamo olje ter pražimo česen in ingver, da zadišita in zlato rjavo zapečeta. Dodajte pak choy in mešano zelenjavo ter kuhajte 1 minuto, dokler zelenjava ne oveni.

b) Zelenjavo zajemite na eno stran ponve, nato pa jo pokapajte z malo olja.

c) Razbijte jajce in pustite, da se umeša, nato dobro premešajte z zelenjavo.

d) Dodamo riž in gobovo ter sojino omako in pražimo 2 minuti. Ugasnite ogenj, dodajte beli poper, sezamovo olje in mlado čebulo ter ponovno premešajte.

e) Prestavimo na krožnik in takoj postrežemo.

79. Ocvrt riž z inčuni

SESTAVINE:
- 4 žlice rastlinskega olja, plus dodatek za umešano jajce
- 30 g posušenih inčunov
- 3 stroki česna, drobno sesekljani
- ½ srednje velike čebule, narezane na kocke
- 1 žlica čilijeve paste, pripravljene iz kozarca ali domače
- 300 g kuhanega riža
- 1½ žlice sladke sojine omake
- 2 žlici svetle sojine omake
- ½ korenčka, olupljenega in narezanega na kocke
- 2 žlici zamrznjenega graha
- 1 jajce, pretepeno
- Ščepec belega popra

NAVODILA:
a) Na zmernem ognju segrejte vok ali večjo ponev. Dodamo olje in pražimo inčune 1–2 minuti, da postanejo hrustljavi, nato jih izdolbemo in obrišemo s kuhinjskim papirjem.
b) Na olju, ki je ostalo v ponvi, prepražimo česen in čebulo, da zadišita in zlato rjavo zapečeta. Dodamo čilijevo pasto in pražimo 30 sekund, nato dodamo riž, obe sojini omaki, korenček in zamrznjen grah. Dobro premešamo, nato pražimo 2 minuti, da se omaka dobro vmeša v riž.
c) Vse sestavine potisnite na eno stran voka, nato jih pokapajte z malo olja in razbijte jajce. Pustite, da se premeša, nato pa ga vmešajte v riž in vse dobro premešajte. Dodamo sardone in ščepec belega popra ter dobro premešamo, nato pa zajamemo na krožnik in takoj postrežemo.

80.Jajčno ocvrt riž v paketu omlete

SESTAVINE:
- 2 žlici rastlinskega olja, plus dodatek za umešano jajce
- 1 srednja čebula, narezana na kocke
- 4 stroki česna, drobno sesekljani
- 200 g piščančjih prsi brez kosti, narezanih na kocke
- 1 jajce
- 2 žlici ostrigine omake
- 2 žlici svetle sojine omake
- 500 g kuhanega riža
- 100g mešane zelenjave (korenje, grah, stročji fižol, sladka koruza)
- 1 čajna žlička fine morske soli
- ½ čajne žličke mletega belega popra
- Za obloge
- 4 jajca
- Drobna morska sol
- 2 žlici rastlinskega olja

NAVODILA:

a) Na močnem ognju segrejte vok ali večjo ponev. Dodamo olje ter pražimo čebulo in česen, da zadišita in zlato rjavo zapečeta. Dodajte piščanca in ga pražite 2 minuti, da se zapre.

b) Piščanca zajemite na eno stran voka ali ponve, nato ga pokapajte z malo olja, razbijte jajce, pustite, da se premeša, nato zmešajte s piščancem.

c) Dodajte ostrigino in sojino omako, riž, zelenjavo in sol ter dobro premešajte. Kuhajte 2 minuti, nato ugasnite ogenj in potresite z belim poprom. Prestavimo v skledo.

d) V skledo stepemo eno jajce in dodamo ščepec soli. Segrejte večjo ponev, dodajte ½ žlice olja in vlijte stepeno jajce, da nastane tanka plast omlete . Pražimo 1–2 minuti, dokler niso pečeni in postanejo hrustljavo zlato rjavi.

e) Nežno odstranite iz pekača in položite na ravno površino, pripravljeno za zavijanje. Ponovite s preostalimi jajci, da naredite 4 omlete .

f) Ocvrt riž razdelimo na 4 dele. Položite del na eno od omlet , nato pa nežno zavijte kot paket in obrnite, tako da je spoj spodaj. To bo preprečilo, da bi se paket odprl.

g) Ponovite s preostalim ocvrtim rižem in zavitki ter takoj postrezite.

81. Ocvrti rezanci Mamak

SESTAVINE:
- 300 g posušenih jajčnih rezancev
- 3 žlice rastlinskega olja, plus dodatek za umešane jajca
- 5 strokov česna, drobno sesekljan
- 300 g piščančjih prsi brez kosti, narezanih na tanke rezine
- 200 g lignjev, narezanih na koščke
- 3 žlice čilijeve paste, pripravljene iz kozarca ali domače
- 4 žlice temne sojine omake
- 4 žlice svetle sojine omake
- 2 žlici paradižnikovega kečapa
- 1½ žlice belega kisa
- 75 g sladkega krompirja, kuhanega in pretlačenega s kančkom vode
- 2 jajci
- 200 g fižolovih kalčkov
- 150 g krompirja, skuhanega in narezanega na kocke
- 100 g špinače, narezane na 10 cm dolge trakove
- 6 ocvrtkov, narezanih na majhne koščke (po želji)
- 1 limeta, narezana na 4 rezine

NAVODILA:

a) zavremo 2,5 litra vode. Dodajte rezance in jih kuhajte 10 minut, dokler niso mehki, nato jih odcedite in odstavite.

b) Na močnem ognju segrejte večji vok ali ponev, dodajte olje in na njem prepražite česen, da zadiši. Dodamo piščanca in lignje ter kuhamo 2 minuti.

c) Zdaj dodamo čilijevo pasto in pražimo 1 minuto, nato dodamo rezance, obe sojini omaki, paradižnikov kečap, kis in pire iz sladkega krompirja ter pražimo še 2 minuti.

d) Zajemajte rezance na eno stran voka ali ponve. Pokapljamo z malo olja, razbijemo jajca, pustimo, da se zmešajo, nato pa jih zmešamo z rezanci.

e) Dodamo fižolove kalčke, krompir, špinačo in kuhane ocvrtke. Pražite, dokler zelenjava ne oveni, nato pa jo preložite na krožnik in takoj postrezite z rezinami limete.

82. Rezanci v sojini omaki z morskimi sadeži

SESTAVINE:
- 1 žlica rastlinskega olja
- 3 stroki česna, drobno sesekljani
- 2,5 cm svežega ingverja, drobno narezanega
- 100 g surovih školjk v lupini
- 100 g surovih kraljevih kozic, olupljenih
- 100 g lignjev, razrezanih in narezanih na majhne koščke
- 2 žlici sladke sojine omake
- 1 žlica temne sojine omake
- 1 žlica ostrigine omake
- 10 g posušenih inčunov, namočenih v vodi 5 minut in pretlačenih (po želji)
- 200 g jajčnih rezancev, namočenih v vroči vodi za 5 minut
- 50 g pak choya
- 50 g fižolovih kalčkov
- ½ čajne žličke mletega belega popra
- ½ čajne žličke sezamovega olja

NAVODILA:

a) V ponvi na srednje močnem ognju segrejte olje in na njem prepražite česen in ingver, da zadišita. Dodajte školjke, kozice in lignje, pri čemer zavrzite vse školjke, ki so odprte in se ne zaprejo ob udarjanju. Kuhajte 2 minuti, nato kozice in lignje (vendar ne školjk) stresite v skledo in odstavite. Tako preprečite, da bi se morski sadeži prekuhali.

b) Dodamo obe sojini omaki, ostrigovo omako in inčune, skupaj z 200 ml vode in na majhnem ognju dušimo školjke 5 minut, da se omaka zredči.

c) Dodamo jajčne rezance, pak choy, fižolove kalčke, beli poper in sezamovo olje ter kuhamo 2 minuti, nato vrnemo kozice in lignje. Odstranite in zavrzite vse neodprte školjke.

d) Ponovno premešajte in ugasnite ogenj, nato prenesite v majhne sklede in takoj postrezite.

83.Ipoh Curry omaka za rezance

SESTAVINE:
- 400 g kosov piščančjega stegna brez kosti
- 25 g posušenih inčunov (po želji)
- 2 žlički fine morske soli
- 5 cm cimetove palčke
- 2 zvezdasti janež
- 4 stroki kardamoma
- 4 nageljnove žbice
- 500 g jajčnih rezancev
- 6 žlic rastlinskega olja
- 2 vejici curryjevih listov, nabrani listi (ali 3 lovorjevi listi)
- 200 ml kokosovega mleka
- 8 kosov že pripravljenega ocvrtega gobastega tofuja, vsakega razrezanega na 4
- 100 g fižolovih kalčkov

ZA PASTO:
- 3 šalotke
- 4 stroki česna
- 5 cm sveže kurkume (ali 2 žlički mlete kurkume)
- 2,5 cm svežega ingverja
- 2,5 cm svežega galgana (ali ekstra ingverja)
- 2 stebli limonske trave
- 4 orehi makadamije
- 6 posušenih čilijev, namočenih v vrelo vodo za 10 minut
- ½ čajne žličke paste iz kozic, suho opečene (ali 1 žlica ribje omake)
- 1 žlica mletega koriandra
- 1 čajna žlička mlete kumine
- 1 čajna žlička mletega koromača

ZA OKRAS:
- 1 rdeč čili, narezan na 0,5 cm debele rezine
- 3 žlice že pripravljene popražene šalotke
- 4 vejice mete, nabrani listi
- 1 limeta, narezana na kolesca
- 4 trdo kuhana jajca, narezana na četrtine

NAVODILA:

a) Pasirajte vse sestavine paste v kuhinjskem robotu do gladkega.
b) Večjo globoko ponev pristavimo na srednji ogenj in dodamo 1,75 litra vode. Dodajte piščanca, inčune, sol, cimet, zvezdasti janež, stroke kardamoma in nageljnove žbice ter zavrite, nato zmanjšajte ogenj in pustite vreti 30 minut. Ugasnite toploto.
c) V ločeni kozici na zmernem ognju zavremo 2 litra vode. Dodajte jajčne rezance in kuhajte 6–8 minut oziroma dokler se rezanci ne zmehčajo. Odcedite, sperite s hladno vodo in odstavite.
d) Na srednje močnem ognju segrejte srednjo ponev. Dodajte olje in pasto pražite 2 minuti, dokler ne zadiši.
e) Dodamo karijeve liste in pražimo še minuto, nato pa pasto dodamo piščančji in inčunovi osnovi. Ponovno prižgite ogenj in zavrite. Dodamo kokosovo mleko in tofu, nato znižamo ogenj in pustimo vreti 5 minut.
f) Dodamo rezance in fižolove kalčke ter kuhamo 1 minuto. Okrasite s čilijem , ocvrto šalotko, metinimi listi, rezinami limete in trdo kuhanimi jajci ter takoj postrezite . Ipoh Curry omaka za rezance (MEE KARI IPOH)

84. Rezanci iz govejega mesa in kozic

SESTAVINE:
- 400 g govejega mesa, narezanega na majhne koščke
- 2 žlički fine morske soli
- 300 g posušenih jajčnih rezancev
- 2 žlici rastlinskega olja
- 1 srednja čebula, narezana na tanke rezine
- 5 strokov česna, narezanih na tanke rezine
- 6 žlic čilijeve paste, pripravljene iz kozarca ali domače
- 3 žlice paradižnikove mezge
- 1 čajna žlička belega sladkorja
- 30 g posušenih kozic, namočenih v topli vodi 10 minut (po želji)
- 50 g praženih arašidov, zdrobljenih
- 200 g fižolovih kalčkov
- 100 g pak choya

ZA OKRAS:
- 2 rdeča čilija, narezana na tanke rezine
- 4 žlice že pripravljene popražene šalotke
- 1 mlada čebula, narezana na 0,5 cm debele rezine
- 2 trdo kuhani jajci, narezani na četrtine

NAVODILA:

a) Večjo globoko ponev segrejte na zmernem ognju in dodajte 2 litra vode. Dodamo goveje meso in sol ter zavremo, nato zmanjšamo ogenj in pustimo vreti 30 minut. Ugasnite toploto.

b) V ločeni kozici na zmernem ognju zavremo 2 litra vode. Dodajte jajčne rezance in kuhajte 6–8 minut ali dokler niso mehki. Odcedite, sperite s hladno vodo in odstavite.

c) Na srednje močnem ognju segrejte srednjo ponev. Dodamo olje ter pražimo čebulo in česen, da zadišita in zlato rjavo zapečeta. Dodajte čilijevo pasto, paradižnikovo mezgo, sladkor, kozice in arašide.

d) Kuhamo 3 minute, nato prestavimo v ponev z govedino in osnovo. Dobro premešajte in ogenj ponovno spremenite na srednjo.

e) Zavremo, nato dodamo rezance, fižolove kalčke in pak choy. Kuhajte 2 minuti, dokler zelenjava ne oveni.

f) Postrezite v majhnih skledicah, okrašenih s čiliji, ocvrto šalotko, mlado čebulo in trdo kuhanimi jajci, ter takoj postrezite.

85. Piščančji ocvrti rezanci

SESTAVINE:
- ½ čajne žličke fine morske soli
- 450 g posušenih jajčnih rezancev
- 2 žlički sezamovega olja
- 2 žlici rastlinskega olja
- 3 stroki česna, drobno sesekljani
- ½ srednje velike čebule, narezane na tanke rezine
- 500 g piščančjih prsi brez kosti, narezanih na tanke rezine
- 6 žlic svetle sojine omake
- 4 žlice čilijeve paste, pripravljene iz kozarca ali domače
- 2 žlici sladke sojine omake
- 300 g pak choya, opranega in narezanega
- 100 g že pripravljenega ocvrtega gobastega tofuja, prerezanega na pol
- 200 g fižolovih kalčkov

NAVODILA:
a) zavremo 3 litre vode in dodamo sol. Ko zavre, dodamo rezance in pustimo vreti 8–10 minut. Rezance odcedimo, nato pa ohladimo v sveži hladni vodi. Ponovno jih temeljito odcedimo in prelijemo s sezamovim oljem. Odložite jih.
b) V voku ali veliki ponvi na močnem ognju segrejte rastlinsko olje. Dodamo česen in čebulo ter pražimo, da zadiši in zlato rjavo zapeče.
c) Dodajte piščanca in 1 žlico svetle sojine omake, piščanca skuhajte, da se zapre z vseh strani, nato dodajte čilijevo pasto.
d) Kuhajte še minuto, nato dodajte rezance, sladko sojino omako in preostalo svetlo sojino omako. Nadaljujte s cvrtjem še 2 minuti.
e) Dodajte pak choy, tofu in fižolove kalčke ter neprestano mešajte, dokler zelenjava ne oveni. Ugasnite ogenj, prelijte na velik krožnik in takoj postrezite.

86. Malajski ocvrti rezanci

SESTAVINE:
- 400 g riževih rezancev širine 10 mm
- 600 g surovih kraljevih kozic, olupljenih
- 2 žlici rastlinskega olja in ½ žlice za umešana jajca
- 5 strokov česna, drobno sesekljan
- 50 g mesa školjk ali školjk
- 6 žlic čilijeve paste, pripravljene iz kozarca ali domače
- 8 žlic ostrigine omake
- 4 žlice svetle sojine omake
- 30 g posušenih sardonov, namočenih v vodi 5 minut, nato odcejenih in pretlačenih v terilnici, dokler niso fini
- 2 jajci
- 200 g fižolovih kalčkov
- 50 g kitajskega česna, drobnjaka (ali mlade čebule), narezanega na 2,5 cm velike kose

NAVODILA:
a) Riževe rezance dajte v veliko ponev in jih prelijte z vrelo vodo. Pustite 4 minute, nato odcedite in sperite pod hladno vodo.
b) V srednje veliki kozici zavrite 500 ml vode in blanširajte kozice, dokler niso rožnate in kuhane. Odstranite kozice iz ponve, prihranite tekočino, nato jih olupite (ohranite lupine) in jih postavite na stran. Zmešajte lupine v kuhinjskem robotu s prihranjeno tekočino za kuhanje kozic, nato prelijte skozi cedilo in odstavite.
c) V voku ali veliki globoki ponvi segrejte 2 žlici olja in prepražite česen, da zadiši in zlato rjavo zapeče. Dodamo školjke ali školjke in čilijevo pasto, pražimo 1 minuto, nato dodamo ostrigovo omako, sojino omako, inčune in osnovo iz kozic ter zavremo. Dodamo rezance in kuhamo 2 minuti.
d) Rezance pospravite na eno stran voka ali ponve, nato jih pokapljajte s ½ žlice olja in razbijte jajca. Pustite, da se premešajo, nato pa dobro premešajte z rezanci. Dodamo kozice, skupaj s fižolovimi kalčki in česnovim drobnjakom ter kuhamo toliko časa, da zelenjava oveni.
e) Naložimo na krožnik in takoj postrežemo.

PUDINGI IN NAPITKI

87. Svež mango, med in kokos

SESTAVINE:
- 2 zrela manga, olupljena in narezana na trakove
- 4 žlice čistega medu
- 20 g posušenega kokosa, rahlo opečenega do zlato rjave barve (ali 4 žličke kokosovih kosmičev)
- ¼ čajne žličke mletega cimeta

NAVODILA:
a) Mango položite na servirni krožnik in po vrhu pokapajte med, nato pa potresite kokos in cimet.
b) Postrezite z vaniljevim sladoledom ali lepljivim rižem.

88.Pandan sladka krema in lepljivi riž v plasteh

SESTAVINE:

- 300 g lepljivega riža, namočenega v vodi 4 ure
- 650 ml kokosovega mleka
- 1 čajna žlička fine morske soli
- 4 srednja jajca
- 200 g belega sladkorja
- ½ žlice ekstrakta pandana (glejte zgoraj ali 2 čajni žlički ekstrakta vanilije)
- 3 žlice koruzne moke
- 3 žlice gladke moke

NAVODILA:

a) Nastavite soparnik ali postavite rešetko v vok ali globoko ponev s pokrovom. Zalijemo s 5 cm vode in na zmernem ognju zavremo.

b) Lepljivi riž dajte v okrogel model za torte premera 23 cm, visok približno 6 cm ali več, postavite v soparnik in kuhajte na pari 30 minut. Pustite počivati 5 minut, nato dodajte 200 ml kokosovega mleka in sol ter pritisnite dušen riž, da se poravna. Ponovno kuhajte na pari nadaljnjih 10 minut.

c) Za kremno plast v skledi stepamo jajca in sladkor, dokler se sladkor ne raztopi. Dodajte izvleček pandana (ali izvleček vanilije, če pandana ne najdete) in preostalo kokosovo mleko ter dobro premešajte. Presejte moko in mešajte, dokler ni dobro združena.

d) Mešanico vlijemo na dušen lepljivi riž, zgladimo po vrhu in dušimo na zmernem ognju 1 uro, pri čemer pustimo pokrov soparnika rahlo odprt, da voda iz pare ne kaplja na plast kreme.

e) Ko je kuhan, ga popolnoma ohladite, nato narežite in postrezite.

89. Parjena torta z rižem in kokosom

SESTAVINE:
- 8 kosov bananinih listov (ali alu folije), 10 × 30 cm
- ½ čajne žličke fine morske soli
- 200 g riževe moke
- 100 g sušenega kokosa
- 50 g sladkorja melase

NAVODILA:

a) Očistite bananine liste, če jih uporabljate, nato pa jih zmehčajte tako, da jih za nekaj sekund postavite na majhen ogenj ali nad paro iz grelnika vode.

b) Sol dajte v večjo skledo s 150 ml mlačne vode in dobro premešajte. Po delih dodajte riževo moko, da oblikujete testo. Testo potisnite skozi luknje v situ s srednjimi luknjami, da ustvarite teksturo, podobno krušnim drobtinam. Mešanici dodamo posušen kokos in dobro premešamo.

c) Nastavite soparnik ali postavite rešetko v vok ali globoko ponev s pokrovom. Zalijemo s 5 cm vode in na močnem ognju zavremo.

d) kalup za bananine liste, zvaljajte list (ali aluminijasto folijo) v obliko valja s premerom približno 4 cm. Okoli kalupa privežite vrvico, da ga pritrdite. Model do polovice napolnite s kokosovo zmesjo, nato v sredini naredite jamico in dodajte 1 žličko sladkorja. Sedaj napolnimo še drugo polovico modela, zmes nežno vtisnemo, ne premočno, sicer bo preveč kompaktna. Mešanica bo absorbirala vlago iz pare.

e) Ponovite s preostalimi bananinimi listi in preostalo mešanico. Zvitke položimo v soparnik in kuhamo na pari 10 minut.

f) modelčke za bananine liste in takoj postrezite.

90.Sladka palačinka z rižem in kokosom

SESTAVINE:

- 150 g riževe moke
- 50 g navadne moke
- 1 čajna žlička posušenega kvasa
- 6 žlic belega sladkorja
- 200 ml kokosovega mleka
- 2 žlici rastlinskega olja ali masla za mazanje

NAVODILA:

a) V skledo damo riževo in navadno moko, kvas, sladkor in kokosovo mleko ter prilijemo 200 ml vode. Mešajte, dokler se masa dobro ne premeša, nato jo precedite v drugo skledo, pokrijte s folijo za živila in pustite 1 uro.

b) Ponev premera 20–25 cm močno segrejemo in namažemo z malo olja ali masla. Zajemite 1 zajemalko testa in ga naenkrat vlijte v vročo ponev. Takoj, ko testo zadene ponev, jo prevrnite, da se razlije in ustvari tanko plast okoli roba.

c) Trajalo naj bi le približno 1 minuto, da se tanko testo ob robu začne hrustljavo zlato rjavo barvati. Prepognite ga, nato pa ga izdolbite iz pekača. Ponovite s preostalim testom. Najboljše postreženo toplo.

91. Solata iz tropskega sadja

SESTAVINE:
- 1 polzrel mango, narezan na kocke
- 200 g na kocke narezanega svežega ananasa
- 10 ličijev
- 4 kivije, narezane na četrtine
- Semena iz 1 granatnega jabolka
- 10 listov mete
- ½ čajne žličke mletega cimeta
- 1 zvezdasti janež
- 500 ml soka ličija

NAVODILA:
a) Vse sestavine dajte v veliko skledo in jih dobro premešajte, da se dobro premešajo s cimetom v prahu.
b) Pred serviranjem hladite v hladilniku 20 minut.

92. malezijski čaj

SESTAVINE:
- 8 skodelic vrele vode
- 4 vrečke zelenega čaja oz
- 8 čajnih žličk ohlapnih listov zelenega čaja
- ½ čajne žličke cimeta
- ¼ čajne žličke mletega kardamoma
- 2 žlici sladkorja

NAVODILA:
a) Vse sestavine dajte v čajnik in namočite 2 minuti.
b) Postrezite samo ali z naribanimi mandlji.

93. Sladka kaša iz fižola Mung

SESTAVINE:
- 400 g posušenega mungo fižola, namočenega 4 ure ali čez noč
- 1 list pandana, zavezan v vozel (neobvezno)
- 50 g saga
- 100 g temnega kokosovega sladkorja, drobno sesekljanega
- 200 g sladkorja melase
- 400 ml kokosovega mleka
- 1 čajna žlička fine morske soli

NAVODILA:

a) zavremo 2,5 litra vode, dodamo mung fižol in pandan vozel ter kuhamo 20 minut.
b) Medtem v srednji ponvi zavrite 500 ml vode.
c) Dodajte sago in kuhajte 15 minut, dokler ne postane prosojen, in premešajte enkrat ali dvakrat. Odcedimo, nato za 1 minuto namočimo v hladno vodo, ponovno odcedimo in prestavimo v skledo.
d) Ko je fižol kuhan, dodamo temni kokos in sladkor melase ter kuhamo 2 minuti, dokler se sladkor ne raztopi.
e) Dodajte kokosovo mleko in sol, zavrite, nato dodajte sago, zmanjšajte ogenj in kuhajte 5 minut.
f) Postrezite takoj, z mehkim belim kruhom ali lahkimi krekerji.

94. Rižev puding s temnim kokosovim sladkornim sirupom

SESTAVINE:
- 100 g kratkozrnatega riža za puding
- 50 g temnega kokosovega sladkorja
- 100 g sladkorja melase
- 1 list pandana, zavezan v vozel (neobvezno)
- 600 ml kokosovega mleka
- ½ čajne žličke fine morske soli

NAVODILA:
a) Riž položite v veliko ponev in ga pokrijte z vodo. Zavremo, zmanjšamo ogenj in pustimo vreti približno 20 minut oziroma dokler ne popije vsa voda.
b) V ponev vlijemo kokosovo mleko in pustimo vreti še 15 minut, da se vse mleko vpije. Odstranite toploto.
c) Temni kokosov oreh in sladkor iz melase ter pandan vozel dajte v majhno ponev in dodajte 150 ml vode. Na zmernem ognju zavremo, nato ogenj zmanjšamo in kuhamo 5 minut, da se količina zmanjša na polovico.
d) Za serviranje nalijte rižev puding v majhne sklede in prelijte s sladkornim sirupom.

95.Pandan sladoled

SESTAVINE:
- 1 liter ekstra goste dvojne smetane
- 500 ml polnomastnega mleka
- ¼ čajne žličke fine morske soli
- 12 rumenjakov
- 300 g belega sladkorja
- 1 žlica gostega ekstrakta pandana
- Za preliv (po želji)
- 150 g navadne čokolade (vsaj 50% kakava)
- 100 ml polnomastnega mleka
- 60 g že soljenih ali nesoljenih praženih arašidov, zdrobljenih

NAVODILA:
a) Smetano, mleko in sol damo v globoko ponev in na majhnem ognju dušimo do vrelišča.
b) Rumenjake in sladkor v skledi stepemo do gostega. Polovico mešanice smetane in mleka nežno vlijemo k jajcem in sladkorju, med neprekinjenim mešanjem vmešamo še preostalo smetano in mleko.
c) Celotno mešanico prenesite nazaj v ponev in dodajte ekstrakt pandana . Zavremo do vrelišča in nenehno mešamo, da preprečimo strjevanje. To naj traja 3–4 minute.
d) S pomočjo finega kovinskega sita precedite mešanico v posodo ali skledo, ki je primerna za zamrzovanje, ali pekač za hlebce. Pustimo, da se ohladi 15 minut, nato prestavimo v zamrzovalnik. Po 45 minutah ga vzemite iz zamrzovalnika in stepite ter nadaljujte s tem vsakih 45 minut 2–3 ure.
e) Za pripravo čokoladne omake čokolado nalomite na majhne koščke in jih dajte v toplotno odporno skledo. Dodajte mleko in postavite nad ponev z vrelo vodo, dokler se čokolada ne stopi in poveže z mlekom. Naj se popolnoma ohladi.
f) Za serviranje sladoled vzemite v skledice, prelijte s čokoladnim prelivom in po vrhu potresite zdrobljene arašide.

96.Sladki krompir in banana v kokosovem mleku

SESTAVINE:
- 200 g sladkega krompirja, olupljenega in narezanega na 2 cm velike kocke
- 800 ml kokosovega mleka
- 100 g belega sladkorja
- ½ čajne žličke soli
- 6 banan, olupljenih in diagonalno narezanih na 2 cm debele rezine

NAVODILA:

a) V ponvi kuhajte krompir s 500 ml vode 8 minut, nato ga odcedite in postavite na stran. Pekač oplaknemo in osušimo s kuhinjskim papirjem.

b) V ponev dodamo kokosovo mleko, sladkor in sol ter na zmernem ognju zavremo. Ogenj zmanjšamo na nizko, dodamo krompir in rezine banane ter kuhamo 2–3 minute.

c) Ugasnite ogenj in postrezite.

97. Bananine ocvrte kroglice

SESTAVINE:
- 1 kg zrelih banan, olupljenih
- 4 žlice belega sladkorja
- 140 g navadne moke
- 70 g samovzhajalne moke
- ½ čajne žličke fine morske soli
- 700 ml rastlinskega olja

NAVODILA:
a) Banane v skledi pretlačite do gladkega pireja, nato dodajte sladkor, obe moki in sol skupaj z 2 žlicama vode. Dobro premešaj.
b) V globoki kozici na srednji temperaturi segrejemo olje. Če želite preveriti, ali je dovolj vroče, dodajte pol žličke mešanice in če vidite, da olje brbota, je pripravljeno. Če imate termometer, naj bo ta med 180 in 200°C.
c) Majhne kapljice mešanice nežno spustite v vroče olje. Vsak naj se razširi na velikost žogice za golf.
d) Kroglice globoko cvremo 3–4 minute, dokler se barva ne spremeni v bogato temno rjavo. Odstranite z žlico z režami in položite na kuhinjski papir, da se odcedi odvečno olje.
e) Po želji postrezite z vanilijevim sladoledom.

98.Malezijski "vlečeni" sladki čaj

SESTAVINE:
- 3 vrečke gradbenega čaja
- 500 ml vrele vode
- 1½ žlice sladkorja
- 2 žlici kondenziranega mleka

NAVODILA:
a) Čajne vrečke dajte v velik vrč in dodajte vrelo vodo, nato pa pustite 5 minut, da se močno skuha.
b) Zdaj dodajte sladkor in kondenzirano mleko ter premešajte. Odstranite čajne vrečke.
c) Če želite ustvariti penast vrh, vzemite drug vrč in prelijte čaj iz enega vrča v drugega. Višje ko nalijete čaj, bolj penast je vrh. To naredite petkrat ali šestkrat, nato postrezite v visokem kozarcu.

99. Čaj z limonsko travo in medom

SESTAVINE:
- 4 stebla limonske trave, olupljena in narezana na 1 cm debele rezine
- 3 čajne žličke medu

NAVODILA:

a) Zavremo 500 ml vode in vlijemo v čajnik. Dodajte limonsko travo in pustite vreti 3 minute.

b) Med dodajte tik preden popijete čaj.

100.Pijača iz vrtničnega sirupa

SESTAVINE:
- 200 g belega sladkorja
- 1 žlica rožne vode
- 1 zvezdasti janež
- 1 list pandana , zavezan v vozel (ali 1 vanilijev strok)
- 2,5 cm cimetove palčke

NAVODILA:

a) Za pripravo sirupa dajte vse sestavine v ponev s 300 ml vode. Zavremo, nato pa na zmernem ognju kuhamo 5 minut, dokler se količina ne zmanjša za polovico.

b) Za pripravo napitka dodajte 2 žlici sirupa na vsakih 200 ml hladne vode. Dodajte nekaj kock ledu in takoj postrezite.

ZAKLJUČEK

Ko zaključujemo naše okusno potovanje skozi "Ho Jiak : Okus Malezije", upam, da se je vaša kuhinja spremenila v zatočišče malezijskih užitkov. Ta kuharska knjiga ni le zbirka receptov; je praznovanje raznolikih okusov in kulturnega bogastva, ki opredeljujejo malezijsko kulinarično pokrajino.

Hvala, ker ste se mi pridružili v tem kulinaričnem raziskovanju, od živahnih čudes ulične hrane do prefinjenih kulinaričnih mojstrovin. Naj se okusi in arome zadržujejo v vaši kuhinji ter ustvarjajo ne le obroke, ampak tudi spomine, ki vas povezujejo s srcem in dušo Malezije.

Ko boste uživali v zadnjih grižljajih teh receptov, ne pozabite, da je "Ho Jiak " več kot le fraza; to je izraz zadovoljstva in veselja. Naj se vaše kulinarične dogodivščine nadaljujejo in naj duh malezijskih okusov še naprej navdihuje in bogati vaše kuhanje. Terima kasih (hvala) in veselo kuhanje!

www.ingramcontent.com/pod-product-compliance
Lightning Source LLC
Chambersburg PA
CBHW071334110526
44591CB00010B/1149